全国革命老区县发展史丛书·广东卷

肇庆市鼎湖区革命老区发展史

肇庆市鼎湖区革命老区发展史编委会　编

SPM 南方出版传媒·广东人民出版社
·广州·

图书在版编目（CIP）数据

肇庆市鼎湖区革命老区发展史 / 肇庆市鼎湖区革命老区发展史编委会编 . —广州：广东人民出版社，2022.2

（全国革命老区县发展史丛书·广东卷）

ISBN 978-7-218-15082-6

Ⅰ. ①肇…　Ⅱ. ①肇…　Ⅲ. ①肇庆市—地方史　Ⅳ. ①K296.54

中国版本图书馆CIP数据核字（2021）第105105号

ZHAOQINGSHI DINGHUQU GEMING LAOQU FAZHANSHI

肇庆市鼎湖区革命老区发展史

肇庆市鼎湖区革命老区发展史编委会　编　　　　版权所有　翻印必究

出　版　人：肖风华

责任编辑：钱飞遥
文字编辑：郝婧羽
装帧设计：张力平等
责任技编：吴彦斌　周星奎

出版发行：广东人民出版社
地　　址：广州市海珠区新港西路 204 号 2 号楼（邮政编码：510300）
电　　话：（020）85716809（总编室）
传　　真：（020）85716872
网　　址：http://www.gdpph.com
印　　刷：广州市浩诚印刷有限公司
开　　本：715mm×995mm　1/16
印　　张：11.5　　　插　页：8　　　字　数：140 千
版　　次：2022 年 2 月第 1 版
印　　次：2022 年 2 月第 1 次印刷
定　　价：52.00 元

如发现印装质量问题，影响阅读，请与出版社（020-85716849）联系调换。
售书热线：（020）85716826

广东省编纂《革命老区县发展史》丛书
指导小组

组　　长：陈开枝（广东省老区建设促进会会长）

副组长：林华景（广东省老区建设促进会常务副会长）

宋宗约（广东省农业农村厅二级巡视员、广东省老
区建设促进会副会长）

刘文炎（广东省老区建设促进会副会长）

郑木胜（广东省老区建设促进会副会长）

姚泽源（广东省老区建设促进会副会长兼秘书长）

谭世勋（广东省老区建设促进会副会长）

廖纪坤（广东省农业农村厅总经济师）

办公室

主　　任：姚泽源（兼）

副主任：韦　浩（广东省农业农村厅扶贫协作与老区建设处
处长）

柯绍华（广东省老区建设促进会副秘书长）

伍依丽（广东省老区建设促进会副秘书长）

《肇庆市鼎湖区革命老区发展史》
编纂委员会

编委会成员

主　　任：邱成光

副主任：邱　伟　黄国基

委　　员：蓝志勤　梁思敏

　　　　　何冠利　吴国杰

编辑部成员

主　　编：邱　伟

副主编：梁思敏　黄伟文

编　　辑：邓伟光　黄庆榕　冯永祥

　　　　　苏兴楠　盛金华　张杏敏

在举国欢庆新中国成立70周年前夕，中国老区建设促进会王健会长请我为《全国革命老区县发展史》丛书作序。作为一名在老区战斗过并得到老区人民生死相助的老兵，回忆往事，心潮澎湃，感慨万千，深感义不容辞，欣然应允。

中国革命老区，是以毛泽东为代表的中国共产党人在领导人民推翻帝国主义、封建主义和官僚资本主义三座大山，争取民族独立和人民解放伟大斗争中建立的革命根据地，在这片红色的土地上，诞生了无数可歌可泣的革命英雄儿女，为后人树起了一座不巧的丰碑，她是新中国的摇篮，是党和军队的根。

在艰苦卓越的战争年代，老区人民把自己的命运与中华民族的命运紧紧地联系在一起，与中国共产党和人民军队的命运紧紧地联系在一起，他们生死相依，患难与共。我曾亲历过战争年代，并得到过老区红哥红嫂的救助，切身感受到发生在身边的一幕幕撼天动地的革命故事，在那极其艰难的条件下，老区人民倾其所有、破家支前，不怕艰难困苦，不怕流血牺牲。"最后一碗米送去做军粮，最后一尺布送去做军装，最后一件老棉袄盖在担架上，最后一个亲骨肉送去上战场"，这是当时伟大的老区人民为建立新中国做出巨大牺牲的真实写照，它将永远镌刻中国共产党、中国人民解放军、中华人民共和国的历史丰碑上。他们的光辉业绩永载史册，他们的革命精神必将影响一代又一代的革命新人，造就一代又一代的民族脊梁。

在社会主义革命和建设时期，革命老区和老区人民响应党的号召，面对落后的面貌、脆弱的经济、恶劣的生态环境，他们本色不变，精神不丢，自力更生，艰苦奋斗，干一行爱一行。始终坚持"革命理想高于天"，自觉做共产主义远大理想的坚定信仰者和忠实实践者，勇于向恶劣的自然环境和贫穷落后宣战，他们在各条战线上为国建功立业，用平凡的双手创造了一个又一个不平凡的奇迹，彰显了老区人的崇高精神和人格力量。

在改革开放的伟大进程中，老区人民解放思想，勇于创新，发奋图强，攻坚克难，老区的经济社会建设取得了辉煌成就。特别是在改变中国的面貌、中华民族的面貌、中国人民的面貌、中国共产党的面貌的伟大实践中发挥了至关重要的作用，老区人民既是改革开放的参与者，也是改革开放的推动者。

艰苦练意志，危难见精神。老区人民在近百年的革命战争、社会主义建设和改革开放的伟大实践中，孕育形成了伟大的老区精神：爱党信党、坚定不移的理想信念；舍生忘死、无私奉献的博大胸怀；不屈不挠、勇于胜利的英雄气概；自强不息、艰苦奋斗顽强斗志；求真务实、开拓创新的科学态度；鱼水情深、生死相依的光荣传统。这是党和人民宝贵的精神财富、丰厚的政治资源，是凝心聚力、振兴民族精神的重要法宝，也是社会主义核心价值观的重要内容。

中国老区建设促进会怀着强烈的政治责任感和历史使命感，组织全国各地老促会人员克服困难、尽心竭力编纂《全国革命老区县发展史》丛书，记录老区的光辉历史和辉煌成就，传承红色基因弘扬老区精神，是功在当代，利及千秋的一件大事。手捧这部丛书的部分书稿，读着书中的故事，倍感亲切，深感这部丛书具有资政、育人、存史的社会功能，有着重要的时代和历史价值。它是不忘初心、牢记使命的源头活水，是赞颂共产党、讴歌老区人民的一部精品力作，是弘扬老区精神、传承红色记忆的丰厚载体，是一项继承优秀传统文化、弘扬革命文化、发展社会主义先进文化，坚定"四个自信"的宏大文化工程。它必将成为一种文化品牌，为各界人士了解老区宣传老区支持老区提供一部有价值的研究史料。希望读着朋友们能从中了解并牢记这些为党和民族的利益不断奉献的老区人民，从中得到教益，汲取人生奋斗的精神动力。

新时代赋予新使命，新起点开启新征程。让我们更加紧密地团结在以习近平同志为核心的党中央周围，坚持以习近平新时代中国特色社会主义思想为指导，增强"四个意识"、坚定"四个自信"，做到"两个维护"，弘扬老区精神，铭记苦难辉煌，为实现"两个一百年"奋斗目标，实现中华民族伟大复兴的中国梦作出新的更大贡献！

遆汉田

2019 年 4 月 11 日

　　2017 年 6 月，中国老区建设促进会组织全国各地老促会启动编纂《全国革命老区县发展史》丛书，按照"建立中国共产党、成立中华人民共和国、推进改革开放和中国特色社会主义事业"三大里程碑的历史脉络，系统书写革命老区百年历史，深入挖掘革命老区红色文化资源，这对于充实丰富中国革命史籍宝库、在新时代传承红色基因、弘扬革命精神、强固根本，对于激励人们在新的历史条件下夺取中国特色社会主义伟大胜利，实现中华民族伟大复兴的中国梦具有重要意义。

　　丛书编纂以习近平新时代中国特色社会主义思想为指导，以《中国共产党历史》《中国共产党的九十年》等重要文献为基本依据，以党的领导为核心，以老区人民为主体，以老区发展为主线，体现历史进程特征，突出时代发展特色，坚持辩证唯物主义和历史唯物主义相统一、历史真实性与内容可读性相统一的原则，书写革命老区从站起来、富起来到强起来的光辉革命史、不懈奋斗史、辉煌成就史，把老区人民的伟大贡献、伟大创造、伟大成就、伟大精神充分展示出来，形成一部具有厚重历史特征和鲜明时代特色的精品力作。这是一部培根铸魂、守正创新，既为历史立言，又为时代服务，字里行间流淌着红色血脉、催生着革命激情的传世之作。丛书的编纂出版将成为讴歌党讴歌人民讴歌时代、传播红色文化、为革命老区和老区人民树碑立传的重要载体。

丛书按照编年体与纪事本末体相结合、以编年体为主的编写体例确定框架结构；运用时经事纬、点面结合的方式记述史实；坚持人事结合、以事带人的原则处理人与事的关系；采取夹叙夹议、叙论结合以叙为主的方法展开内容。做到了史料与史论、历史与现实、政治与学术统一，文献性、学术性、知识性相兼容。

为编纂好《全国革命老区县发展史》丛书，打造红色文化品牌，中国老区建设促进会认真组织积极协调，提出政治立场鲜明、史料真实准确、思想论述深刻、历史维度厚重、时代特色突出、编写体例规范、篇目布局合理、审读把关严格、出版制作精良的编纂出版总要求，力求达到革命史籍精品的精神高度、思想深度、知识广度、语言力度，增强丛书的权威性和社会影响力。各省（区、市）、市（州、盟）、县（市、区、旗）老促会的同志，以强烈的使命感、责任感和紧迫感，勇于担当，积极作为，认真实施，组织由老促会成员、专家学者等参加的十余万人编纂队伍。编纂工作主体责任在县，省、市组织协调、有力指导、审读把关。各方面人员以高度负责的精神和科学严谨的态度，满腔热情地投入工作，为丛书编纂出版作出了重要贡献。丛书编纂工作还得到了党和国家有关部委、地方各级党委政府及有关部门的大力支持和积极参与，社会各界也给予了热情帮助。中共中央政治局原委员、中央军委原副主席、原国务委员兼国防部长迟浩田上将，对老区人民怀有深厚感情，对革命老区建设发展十分关注，欣然为《全国革命老区县发展史》丛书作总序。

丛书由总册和1599部分册（每个革命老区县编纂1部分册）组成，共1600册。鉴于丛书所记述的史实内容多、时间跨度长和编纂时间紧，不妥之处，敬请批评指正。

中国老区建设促进会

● 革命遗址 ●

沙浦农民协会旧址（正面）

沙浦农民协会旧址（内部）

沙浦"小竺居"遗址扩建后的现状

沙浦农民协会子弟学校旧址（正面）

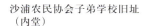沙浦农民协会子弟学校旧址
（内堂）

羊峡口碉堡遗址（正面）

羊峡口碉堡遗址（侧面）

中共高要县工作委员会旧址（正门及正门左侧）

西江抗日青年团总部旧址（正门及背面）

● 烈士陵园 ●

沙浦革命烈士陵园（正门）

沙浦革命烈士纪念碑　（上图摄于2005年重修后，下图摄于2018年扩建后）

鼎湖革命烈士墓区一角

鼎湖革命烈士墓区一角

● 沙浦老区 ●

鸟瞰沙浦镇

沙三新村

桃溪村大界路

沙浦连片肇实塘

沙浦文岌鲤养殖塘

文岌鲤

沙三村肇实加工

沙浦天湖

● 城区风景 ●

鼎湖城区一角

321国道航拍

广佛肇高速公路
（肇庆鼎湖段）

肇庆新区体育中心

新区砚阳湖

碧莲湖公园

● 旅游景点 ●

鼎湖山牌坊

远眺鼎湖山宝鼎园

鼎湖山宝鼎园端溪龙皇砚

鼎湖山飞水潭

岭南古刹——鼎湖山庆云寺

鼎湖山胜景——鼎湖

砚洲岛

砚洲岛上的包公楼

沙浦镇天湖鹭鸟

凤凰镇九龙湖

● 民俗风情 ●

春节舞狮

砚洲包公诞

蕉园苏真人诞

桃溪何真人诞

依坑佛爷诞盛况

典水赛龙舟

水坑中秋之夜烧番塔

裹蒸粽

碱水粽

微信扫描二维码
您立即开展本书的
延伸阅读。

序 言

第一章　鼎湖区区情概览 / 001

习近平总书记指出："革命老区是党和人民军队的根，我们永远不能忘记自己是从哪里走来的，永远都要从革命的历史中汲取智慧和力量，老区和老区人民，为我们党领导的中国革命做出了重大牺牲和贡献。这些牺牲和贡献永远镌刻在中国共产党、中国人民解放军、中华人民共和国的历史丰碑上。"为贯彻落实习近平总书记的老区思想，宣传展示革命老区光辉的革命史、奋斗史和成就史，传承红色基因，弘扬老区革命精神，中国老区建设促进会组织编纂《全国1599个革命老区县发展史》丛书。2018年，根据广东省老区建设促进会的工作部署，鼎湖区农业局开展组织《肇庆市鼎湖区革命老区发展史》编纂工作。

鼎湖区具有悠久的革命历史和光荣的革命传统。从1924年起，共产党员周其鉴、韦启瑞、周铁琴、谢大德等人便先后到沙浦开展革命宣传，点燃农民革命火种。1926年，沙浦农民建立农民协会。1938年，当日寇的魔爪伸向鼎湖时，鼎湖在共产党的领导下建立抗日统一战线，组建中共高要县工作委员会和西江抗日青年团，广泛组织人民投身抗日斗争。此后，在解放战争、抗美援朝战争、对越自卫反击战、全面建设社会主义等各个时期，鼎湖革命者为了国家的解放与和平建设，为了人民大众的生命和财产安全，前仆后继，英勇奋战，用自己的热血和生命谱写了一个个壮丽动人的革命故事。

《肇庆市鼎湖区革命老区发展史》主要记述了鼎湖区概况、革命老区概况、革命历史事件、英烈人物事迹和革命遗址等内容，全面展现了鼎湖革命者在大革命时期、抗日战争时期以及解放战争时期对革命做出的贡献，对当前和今后的实践具有重要的借鉴和启迪意义。

以史为鉴可以知兴替。鼎湖区的繁荣发展，离不开革命老区红色沃土的滋养，离不开革命老区人民的艰苦奋斗，让我们从老区精神中深入挖掘红色基因的丰富内涵，发扬革命先烈的无私奉献精神，让革命事业薪火相传、血脉永续！

《肇庆市鼎湖区革命老区发展史》编委会

2021年2月

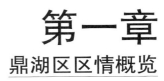

第一章

鼎湖区区情概览

第一节　鼎湖区基本情况

一、地理位置

北回归线附近几乎都是沙漠，但在中国南海之滨的广东省版图上，有一条大河和一片绿洲，显得格外引人注目，那条大河就是西江，那片绿洲就是有"北回归线上的明珠"之称的鼎湖山。鼎湖区位于西江河畔，鼎湖山下，因鼎湖山而得名。

鼎湖区位于广东省中部偏西，西江下游，是肇庆市中心城区重要组成部分，属珠江三角洲地区改革发展规划范围主体之一，被划入粤港澳大湾区。陆域位置位于北回归线以南，东经112°30′~112°57′，北纬23°05′~23°15′之间。东自永安镇的长冲村，与佛山市三水区相邻；南起沙浦镇的苏二村，由烂柯山向东延伸，与高要区相靠；西连端州区、高要区，最西为凤凰镇的上水田村；北部为北岭山脉的鼎湖山群，最北至凤凰镇的良田村，与四会市接壤。西江横贯中部，鼎湖山与烂柯山隔西江峙立。全境地势西北高，东南低，中部为平原地带，西江航道、321国道和广茂铁路、南广、贵广铁路、广佛肇城际轻轨、江肇高速和广佛肇高速贯穿境内，鼎湖区成为粤中西部的重要交通枢纽。陆路东距广州70千米，水路东南距香港120海里。

二、面积人口

1988年3月建区，属肇庆市辖区。全区总面积596平方千米，其中山地274.4平方千米，占46%；平原、洼地282.8平方千米，占47.4%；丘陵38.8平方千米，占6.51%。林地面积270.93平方千米，耕地面积82.33平方千米。

建区之初，全区户籍人口11.96万人；2017年末，鼎湖区下辖坑口、桂城、广利3个街道及永安、沙浦、莲花、凤凰4个镇，共81个村（社区）。全区常住人口17.23万人，其中常住户籍人口16.25万人。

三、民族语言

鼎湖区以汉族人口为主，占辖区总人口99.6%。有壮族、土家族、苗族、白族、畲族、瑶族、侗族、藏族、满族、蒙古族、朝鲜族、回族、布依族、仫佬族、水族、黎族、彝族等17个少数民族，占总人口0.4%，其中以壮族、土家族人口居多。

鼎湖区境内居民主要使用两种汉语方言。一是粤方言，又称"鼎湖白话"，全区人口92%以上使用。主要分布在坑口、桂城、广利、永安、沙浦、莲花等6个镇（街道）。二是客家方言，全区大约有1万人使用，各地均有分布，其中凤凰镇客家籍有9000多人，其他分布在坑口街道的迪一村、迪二村、红岭村、鸡梯村，桂城街道办事处的大旗山村、竹仔坪村，沙浦镇的大坑头村、麦仔岗村，莲花镇的富新村。

四、建制沿革

鼎湖区历史上隶属于高要县。西汉元鼎六年（公元前111），始建高要县，隶属苍梧郡。明洪武年间（1368—1398），推行厢乡都图制，鼎湖主要属高要县下围乡和亲仁乡，含下围乡的岩前都、黄江都、水坑都、长利都、榄江都、横槎都、宝槎都、桂峰都、依坑都、樟村都、小洲都和亲仁乡的头溪都、范州都、典水都、禄罗都以及古坝都的一小部分。清初至道光年间（1821—1850）沿袭明制。咸丰五年（1855），属高要县头班第一区文明堡和四班第六、七区。六区下属都堡有长利、河旁、桂岭、九坑、砚洲、桃溪、沙浦和典水；七区有宝槎都、冈陵堡、作人都、贝水都、槎西都。

民国初期，承袭清制。民国17年（1928），推行区乡制，将都堡改为乡。民国26年（1937），先复班制，后改联乡办事处。9月，将联乡办事处改为区署，为高要县第四区和第一区的文园乡。民国26年（1937），重新编定乡、镇，分别有广利镇、三都乡、河旁乡、桂岭乡、院主乡、九坑乡、砚洲乡、桃溪乡、沙浦乡、十段乡、典水乡、槎西乡、冈陵乡、八庙乡、宝槎乡、贝水乡、作人乡，共176条村2.18万户，总人口8.53万人。民国32年（1943）10月，高要县废镇缩乡，为第一区东文乡一部分和第四区，第四区下辖广利乡、桂院乡、头溪乡、槎冈乡、槎贝乡和人和乡。

1949年10月，仍为高要县第一区东文乡一部分和第四区。1950年9月，为高要县第四区和肇庆镇双东乡小部分（即前"文明堡"）。

1953年5月，为高要县第八、九区，原属肇庆镇的苏村、东蕉园村划入第八区。第八区有：广利圩和砚洲乡、龙头乡、桂荣乡、塘口乡、院主乡、九坑乡、水坑乡、蕉东乡、苏南乡、桃溪乡、沙浦乡、典水乡、苏西乡。第九区有：莲塘乡、大布乡、依坑乡、蔗村乡、布廊乡、岐溪乡、三八乡、甫草乡、岐洲乡、新村乡、中社乡、新围乡和桂溪乡。1955年2月，第八、九区分别改称广利区、永安区，辖乡不变。1957年3月，小乡并大乡，广利区各乡并为广利乡、文园乡、桂院乡、九坑乡、头溪乡和广利镇，永安区各乡并为布廊乡、永安乡，下莲塘乡和贝水乡，各区辖境不变。1958年3月，撤区并乡，并为广利乡、永安乡和头溪乡。同年10月成立人民公社，3个乡合并成立广星人民公社。公社内设一团（广利）、二团（沙浦）、三团（永安），各团内设营、连。1959年7月，广星人民公社划分为广利、永安、沙浦3个人民公社。1961年4月，罗隐、后沥从广利公社划出，归属水上人民公社；苏村划归肇庆市管辖。1972年撤销水上公社，罗隐、后沥重新划归广利公社，社内设大队。1977年，蕉园大队从广利公社划归肇庆市。1983年4月，实行区建制，设广利、永安、沙浦3个区，区内原大队改称乡。1986年撤区建镇，设广利、永安、沙浦3个镇，镇内各乡改称村。

1988年1月7日，经国务院批准，从高要县析出设立鼎湖区，同日，国务院批准撤销肇庆地区，将肇庆市升级为地级市，肇庆市辖端州、鼎湖两区和高要、四会、广宁、怀集、封开、德庆等10县。鼎湖区成为肇庆市（地级）辖县级区。

1988年3月2日，肇庆市鼎湖区正式挂牌成立，辖境为广利、永安、沙浦3个镇。1988年4月13日，成立坑口管理区办事处，下辖苏村、蕉园、迪村。11月23日，坑口管理区办事处更名为坑口办事处，辖区不变。1989年3月，行政村改称管理区。1992年12月31日，坑口办事处改名为坑口街道办事处，罗隐、后沥管理区划入其管理范围；同古、新凤、白石坑、上水田、南寮、高鹤、良田、田心和南坑9个管理区从广利镇分出，成立凤凰镇；水坑一、水坑二、龙一和山田4个管理区从广利镇分出，成立桂城街道办事处。1993年1月，莲塘、布基、富廊、依坑一、依坑二、曹王、罗布、六桥、分界、古遗、大布、蕉村和崖洲13个管理区从永安镇分出，成立莲花办事处。1994年1月，成立莲花镇。1994年6月，贝水、伍南、长冲、大社、歧洲、新村6个管理区和横布居委会从永安镇分出，成立贝水镇筹备组。1995年4月，成立贝水镇。

1998年10月，农村管理区改称行政村，设立村民委员会。2000年底，鼎湖区下辖广利、永安、莲花、贝水、沙浦、凤凰6个镇和坑口、桂城街道，共有17个社区和64个行政村。2002年1月，撤销贝水镇，其行政区域并入永安镇。2002年2月，广利镇改为广利街道办事处，辖下村委会改为居委会。

至2017年底，鼎湖区辖坑口、桂城、广利3个街道办事处和永安、沙浦、莲花、凤凰4个镇，设28个社区居民委员会、53个村民委员会，有385条自然村640个村民小组。

鼎湖区党政机关驻地曾有三处。1988年3月2日，鼎湖区人民政府正式成立，区党政机关驻地临时设在九坑河平湖旅社；1990年1月18日，搬迁到位于水坑旧321国道旁的机关办公大院；1994年7月1日，搬迁到位于鼎湖山下的坑口罗隐大道12号。

五、生态环境

鼎湖区地势西北高东南低，北部是以东西走向为主的构造剥蚀山地，为北岭山脉的鼎湖山群，中部为冲积平原，南有烂柯山向东延伸，同鼎湖山隔江峙立，西江横贯中部。鼎湖山山体雄伟挺拔，最高主峰鸡笼山，海拔1000.30米。山上沟谷深切，悬崖绝壁众多，水蚀地形显著发育。山前的冲积阶地、冲积扇、洪积锥，沿山麓展布，各冲积阶地和冲积扇相互连接，组成山麓倾斜平原。

鼎湖区是山地占地面积较大的一种地形，这些山地地势险峻雄伟。山地海拔250米以上的部分约有274.4平方千米，占辖区总面积46%。北岭山脉横贯鼎湖区全境，总面积为183.23平方千米。鼎湖山脉是区内的主要山群，面积共11.33平方千米。鼎湖区丘陵主要分布在永安镇一带，地形较平缓，其中有些丘陵的走向不明显，常与一些平原区交错分布，海拔在60～300米。平原总面积279.07平方千米，占全区总面积的46.77%，分为红土层平原和冲积平原。

鼎湖区地处北回归线南侧，属南亚热带季风气候地区。夏季吹偏南风，冬季吹偏北风，年平均气温22.3℃，降水量1737.3毫米，最大记录为2423毫米（1983），最小记录为883毫米（1977）。但干湿季变化明显，正常年份10月开始进入干季，至次年3月，整个干季平均降雨量370毫米，占年平均降雨量的21.3%。3月底至4月初开始进入雨季，6月达到降雨高峰。

鼎湖区年平均日照1658.2小时，年平均积温7940.7℃，山区内气温比平原气温要低2℃～4℃。九坑沟谷及葫芦山沟谷气流特别强，形成地形性降水，往往出现北岭山大雨滂沱，而西江南岸的沙浦镇滴雨全无或只有微量降雨的"雨影区"。由于北岭山、羚羊山、烂柯山、西江及羚羊峡、旱峡所处位置，形成强大的气象"峡谷效应"，鼎湖区还是个多雾的地区，常常"浓雾唔开成大雨"。故此，鼎湖区成为南亚热带季风湿润型气候地区。鼎湖区每年7至8月气温最高，平均温度在28.8℃～28.9℃之间，最高温度超过33℃，达38.7℃（1990年8月17日）。每年1月份气温最低，气温低至-1℃（1955年1月11日）。2月份气温开始回升，到7月份气温达到最高，9月份气温开始回落。气温急骤上升是4月份，急骤下降是11月份。1955年至2000年的年平均气温为22.3℃。

鼎湖区河流属西江流域，西江干流横贯其中，集水面积100平方千米以上，河流在境内的一级支流原有长利水、横槎水、贝水水和典水水等多条支流，新中国成立后，因防洪、治涝结合整治，部分支流合并，变为九坑河水（亦称"羚羊峡下左岸集水区"，包括原后沥水、罗隐水、长利水、横槎水和贝水水等支流）和沙浦水两条一级支流。鼎湖区山地溪流均比较小，长度不超过10千米，集水面积均在30平方千米以下，主要有蕉园坑、云溪、天溪。

六、自然资源

鼎湖区自然资源丰富，种类繁多。主要有水资源、地下矿产资源及动植物资源。特别是鼎湖山和烂柯山的浅表地下水，其水质经过有关部门鉴定，均属优质矿泉水等级，极具开发利用价值。

水资源 鼎湖区南北山脉降雨较平原河网区偏多，年际降雨极不均匀。年内雨量分配也不平衡。年地表水流量与年降雨分布规律相似，年平均径流深变化范围在790～900毫米之间，其变差系数为0.16～0.18，年平均径流深为820毫米，年均径流总量为4.61亿立方米，另有西江年均过境水量2185亿立方米。年地表水流量也具有年际变化大和年内分配不均的特点，丰水年（占20%），平均径流深为1029.9毫米，平均径流量5.8亿立方米；平水年（占50%），平均径流深为792.1毫米，平均径流量4.46亿立方米；枯水年（占30%），平均径流深为589.6毫米，平均径流量3.22亿立方米。丰年平均年径流量是枯年平均年径流量的1.8倍，汛期（4月至9月）径流占全年的73%。鼎湖区地下水有深层和浅层之分。山区地下水以红层裂隙水和层状岩类裂隙水为主，平原地带以松散岩类孔隙潜水和孔隙承压水为主，厚度一般在0～30米之间，局部为30米至80米。深层地下水无具体资料，难以估计。据《高要水利志》记载，鼎湖浅层地下水约1.29亿立方米/年，地下水源丰富，且深度不大。由于区内地表水比较丰富，水量大，工业和农业用水以地表水为主，很少使用地下水，只有部分村镇居民饮用少量地下水。鼎湖山泉水含矿物质非常丰富，内含钾、钠、钙、镁、铜、锌、氟、锰和钴等微量元素，是有益于人体健康的优质山泉水。

矿藏资源　鼎湖区矿藏资源有铜钼、黄铁、硫铁、金、钾长石、耐火黏土、石灰岩、石膏矿、砚石。铜钼矿蕴藏于鸡笼山斑岩中，是广东省一个中型钼矿，有较高工业价值，尚未开发；黄铁矿主要分布在鼎湖山飞水潭一带，储量较丰富，尚未开发。硫铁矿蕴藏于北岭山东段，目前尚未确定其工业价值；金矿分布于莲花镇布基村北面鸭塘，曾经开采过，后放弃；钾长石分布于凤凰镇白石坑，储量较丰富，尚未开发；耐火黏土分布于水坑，尚未开发。石灰岩分布于坑口后沥，多制成建筑用材，如水泥原料或烧石灰之用；石膏矿储量较大，主要分布在永安镇新村和王村一带地下，据探测，矿藏量年产10万吨，可开采25年；砚石主要分布在沙浦羚羊峡和烂柯山一带，是制作端砚的上等材料。

动物资源　鼎湖区动物资源有兽类38种（含亚种），列为国家保护的珍贵动物有：穿山甲、苏门羚和小灵猫。其他有赤麂、野猪、果子狸、红颊獴、鼬獾、豹猫和豪猪等。数量较多的一般种类有鼠科的多个种类，翼手类中的蝙蝠、蹄蝠、狐蝠和某些食虫类。鸟类有啄木鸟、绿背金鸠、赤红山椒鸟、纯色啄花鸟、朱背啄花鸟、红胸啄花鸟、叉尾太阳鸟、绿翅短脚鹎、黑（短脚）鹎、栗背短脚鹎、黑喉噪鹛、斑颈穗鹛、白腹凤鹛和黄颊山雀等。

植物资源　鼎湖山、烂柯山野生植物繁多。鼎湖山自然保护区有野生植物260科，864属，1825种。其中苔藓植物38科，73属，121种；蕨类植物37科，74属，131种；裸子植物4科，4属，5种；被子植物181科，713属，371种。此外，有人工栽培植物349种。为广东植物种类最多的地区之一。

农业资源　2017年，鼎湖区耕地面积9306.67公顷，其中旱地1006.67公顷，水田3893.33公顷，水浇地18.17公顷，可调整地4386.67公顷。其中，水稻种植面积5440公顷，产量3.43万吨。

薯类种植面积533.2公顷，产量2270.8吨。玉米种植面积993.33公顷，产量4756吨。其他粮食作物23.33公顷，产量77吨。经济作物种植面积5746.67公顷，其中蔬菜4440公顷，肇实及其他作物680公顷，花生402.8公顷，木薯166.66公顷，药材37.33公顷，果蔗16.67公顷。水果作物1093.33公顷，其中香蕉（含大蕉）760公顷，柑、橘、橙128.8公顷，荔枝和龙眼114.4公顷，其他水果89公顷。有农民专业合作社166家、国家级农民专业合作社示范社1家、省级农民专业合作社示范社6家、市级农民专业合作社示范社1家、市级农业龙头企业4家、市级示范性家庭农场2家、名特优农产品7个、广东"十大名牌"2个、广东省绿色食品1个、无公害农产品4个。是年，农村经济总收入76.82亿元，农业总产值29.07亿元，农村集体资产约有8.85亿元；农村居民可支配收入2.01万元。

林业资源 鼎湖区森林有植物278科，1118属，2448种，其中木本植物97种，包含肉桂等特种树种、速生用材林树种、珍稀树种等。2017年有林业用地20.44万亩，其中，有林地19.55万亩，占95.65%；无林地0.23万亩，占1.12%；疏林地0.21万亩，占1.03%；灌木林地0.15万亩，占0.73%。森林覆盖率42.70%。林地按林种分：商品林13.82万亩，生态公益林5.63万亩。按树种分：杉林1.48万亩，占7.56%；松林3.23万亩，占16.53%；阔叶林3.69万亩，占8.86%；针叶混交林0.21万亩，占1.09%；针阔混交林3.76万亩，占19.21%；竹林0.48万亩，占2.44%；肉桂、油茶等经济林6.7万亩，占34.29%。

七、鼎湖特产

鼎湖区土特产美食品种丰富，驰名中外。著名特产美食有裹蒸粽、肇实、金线鲤、大头冲菜、紫背天葵、吊钟花、香蕉、粉葛、鼎湖上素等。

裹蒸粽　鼎湖裹蒸粽（在外称"肇庆裹蒸"），是用冬叶作外皮，以糯米、绿豆为主料，以上等猪肉等其他配料作馅蒸熟而成。鼎湖裹蒸粽的制作工艺是地方非物质文化遗产。正牌的肇庆裹蒸粽讲究原材料和制作工艺。它的主料是糯米、绿豆、肥猪肉，配上适量的曲酒、芝麻、胡椒、五香粉之类。炮制时，一般需用铁桶或瓦缸装载，以木柴作燃料，蒸煮七八个小时以上，直至糯米粘绵，绿豆糜化。用此法炮制的裹蒸粽，食时甘香油滑，食后齿颊留香，并具有补中益气、止夜尿的作用。春节前包裹蒸粽是鼎湖民间风俗习惯，除用作度节，人们还把裹蒸粽作为新春佳节互相赠送的礼品。改革开放后，裹蒸粽更多是作为一种地方风味小吃被人们喜爱。在平常时节，人们可以从饮食店或裹蒸粽摊档买到。鼎湖建区后，各旅游景区（点）都设有裹蒸粽摊档，很多外地游客来到鼎湖都争相购买鼎湖裹蒸粽。裹蒸粽生产基地大都设在坑口、水坑、院主靠近公路沿线。鼎湖裹蒸粽部分供应旅游景区，销量最大的是鼎湖山景区，内设有裹蒸粽王华盛经销部等六个经销单位，还有大大小小的摊档，节假日日销量上万只。进入2000年，人们的保健意识增强，生产厂家为适应时代的要求，纷纷推出各种保健裹蒸粽，如用黑糯米、猪肉、绿豆作馅的滋补紫金粽；用红糯米、猪肉、绿豆作馅的健脾祛湿粽；还有果圃清润粽、迷你粽等。有的游客不辞舟车辛劳，大包小袋也要购买一些回去，让亲朋好友也能品尝。每逢春节，港澳同胞回乡探亲，临走时也不忘带一些回去。随着旅游人数日增，鼎湖（肇庆）裹蒸粽粽畅销省港澳。2017年，区内几大景区裹蒸粽销量约500万只。

肇实　属睡莲科一年生草本植物。由于其出于淤泥，倚水而生，叶盘平铺水面，形似莲叶，而果实状似鸡头，故本地人俗称为"鸡头莲"。明代学者黄佐主编的《广东通志》记载:"芡叶似荷而大,实有芒刺,其裹如珠,鸡头实也,出肇庆。"可见肇庆于明代已栽培肇实。鼎湖区最早种植肇实的是永安镇五村的青鸡塘,面积约40亩,民国时期已有种植,但并未作为商品。80年代,乘改革开放之风,沙浦镇沙一村村民陈志雄承包本村100亩塘种肇实,并且取得较好的经济效益,成为第一个"万元户"。随着对外贸易的发展,肇实需求量大增,沙浦镇沙二村的陈基祥、沙一村的陆柱、陈娣承包永安镇单竹塱1200亩塘种肇实,亩产150多公斤,开大面积种植肇实的先河,打开了农民致富之门。其后,沙浦镇肇实生产加工业迅猛发展。1982年,沙二村出现首台单刀肇实加工电动机械。1985年,研制出多刀肇实加工电动机械,效率进一步提高,涌现出一批肇实加工专业户,沙浦片(含沙一、二、三、四村)有60多户,其中沙二村有17户。1996年,是沙浦肇实的丰收年,是年全镇种植面积9800亩,总产1568吨,总收380多万元。之后,鼎湖区各乡镇肇实的种植也有较大发展,每年都超过6000亩,其间虽有过产量供过于求的情况,但肇实种植始终是区乡镇的重点产业,肇实是出口的拳头产品。肇实的生产、加工、经营者,成为先富起来的一部分人。肇实可作药用,性温,味甘涩,具有补中益气、健脾、祛湿、固精益肾、止泻等功能,主治脾虚泄泻、小便失禁、遗精带下等症。肇实的壳和根可作药用。肇实壳煲水可治疗肾炎;肇实根煲茶、煮粥,有祛湿补肾的功用。肇实也可用作煲汤或炖品。用肇实煲的汤,其汤色清白,味道清甘。

金线鲤 黄鳞缩头耸肩,两侧鳞线呈金黄色,游动时金光闪动,十分娇美。金线鲤鱼体柔软,肉质肥美,骨尖含珠,内脏小,膏满腹,蒸熟后甘香清爽、肉滑鳞软。金线鲤誉满海内外。1951年参加在广州举办的华南土特产展览会就被关注,开始成为广东省水产馆常年展览品种。20世纪70年代初，柬埔寨国家元首西哈努克亲王和埃塞俄比亚塞拉西皇帝访华，品尝过金线鲤后都非常赞赏。香港《新晚报》曾以"身娇玉贵"为题做报导。金线鲤产于沙浦镇典三村文岌塱。特殊的生长环境养育出特殊风味的金线鲤，由于腐殖质和微生物的作用，使水呈酸性带黄色，文岌塱的水和土含有硫磺质。而文岌塱底常年生长的野生荸荠，其果营养丰富。加上文岌塱水面宽阔，其他绿色植物也非常丰富，常年有群鸟飞翔觅食撒粪，这些都是鲤鱼的天然食料。文岌塱养殖面积有两千多亩，水深浅不一，浅水的地方撒上谷仔（一种早熟红米稻）并不收割，成熟时用作鱼的食料。上世纪80年代后，包产到户，1800多亩的文岌塱被分割成几亩、几十亩的一小块一小块，金线鲤失去了原来的生长环境，质量严重下降。1988年后，通过恢复生态环境，对品种进行提纯复壮，品质逐步好转。2000年，金线鲤总产40吨。金线鲤又成为鼎湖知名特产，"不食金线鲤，不算来鼎湖"。

砚洲头菜　（俗称"大头冲菜"），口感爽脆，气味芳香，远销省内外。1935年，砚洲村大房李人李汉光，首次育种试种成功。上世纪70年代中期，砚洲严李村人严苏引进广西横县良种，试种成功，人们称为"横县种"。该品种抗病力强，头长约13—28厘米，亩产量比"荷塘种"高，为村人所喜，"荷塘种"陆续被淘汰。种植砚洲菜以粘沙土质为好，秋分季节播种育苗，育苗期一般在26天至30天，霜降时移苗种植，每亩植株约2100棵。植后初期，每日淋水一次，每10天薄施肥一次，种植100元左右就可以收获。砚洲头菜的腌制分为两类：一是菜片，将菜的头部切片，分层放置在木桶或池内，每层均匀放盐，每50公斤菜放盐约7公斤，菜面放上大石重压，腌浸7天，取出晒干即成，久放而质不变。二是走水砚洲头菜，腌制方法与菜片相同。不同之处是：头菜原株入桶或池，长期用盐水腌制，久存可达一年。在集体管理期间，村民收获砚洲头菜后，交售村开设的加工厂统一腌制，1974年取消统一腌制，由各家各户分散腌制，产品也由种植户自行处理，有的卖给小商小贩，有的到农贸市场零散出售，有的运到外地销售。

紫背天葵　鼎湖山著名特产，生长在潮湿的悬崖峭壁上，属多年生的草本植物。每年早春发芽长叶，3月份开始采集，6月份以后叶片开始枯萎。采集紫背天葵的工作非常艰巨，要爬石壁，攀悬崖，并且不能错过时机。紫背天葵叶背呈紫红。经过制作加工后的紫背天葵，色泽鲜艳，叶脉纹络光滑柔和，有一种特别的香味。冲开水后，水呈紫红色，加入少许白糖，味道鲜美，甘甜微酸。有解暑、除热、消毒、解渴、解酒健胃、助消化的功能，是极佳的饮料。1961年郭沫若到鼎湖山游览，在庆云寺喝过后写诗赞曰："客来不用茶和酒，紫背天葵酌满杯。"紫背天葵名不虚传。

吊钟花　吊钟花是岭南特有的乡土名花，产于西江流域，主要生长于烂柯山脉的深山溪流两旁。建国前后沙浦的西岸、冷水、杨梅、石湾等山下村庄，春节前都有村民上山采集吊钟花到圩市卖，换钱以度岁。其时，吊钟花销往广州、佛山等地。也有村民采回家作摆设。改革开放后，农村经济发展，吊钟花的采集和运输比较困难，容易损坏花蕾，赚钱不多，采卖吊钟花的农户渐渐减少。

香蕉　鼎湖自然气候条件优越，适宜香蕉生长。新中国成立前香蕉种植面积很少，多为零星种植于地头、村边路旁、塘基等，产量很少。较规模种植香蕉始于上世纪70年代中后期，水坑、黄布沙等地引进高州"遁地雷"、东莞"大青"等品种，种植面积不大。1986年，香蕉种植面积2902亩，总产2万吨。从

1987年开始，地处西江沿岸的黄布沙、砚洲及国道321沿线的水坑二村、莲花南田村等地，引进优良香蕉品种"威廉斯""台湾8号""巴西"等，亩产达2000公斤，取得良好的经济效益。1991年，开始引进香蕉试管苗作生产种苗种植。采用香蕉试管苗后，香蕉长势旺盛，生长、抽蕾较一致，收获较整齐，产量较高，且种苗有不带病或基本不带病等诸多优点，因而很快被广大蕉农接受，得到普遍推广。至2000年，常年种植面积达1.8万亩。主要分布在沙浦镇黄布沙、广利街道办事处的砚洲、院主一村居委会；桂城街道办事处的水坑二居委会、永安镇西江河滩地等。品种主要有"巴西""1888"等。一般每亩种90株左右，亩产量3000公斤。2017年，香蕉总产量5万多吨，主要通过配套的专业市场销往珠三角、北方及港澳地区。

粉葛　粉葛属藤蔓科，根茎为果实，一年或多年生植物。根茎轮廓形似榄核，皮薄肉粉质，微黄白色。家庭、酒楼常用它作佐料煲肉（骨）汤，其汤不肥腻，味甘清香，可滋润肠胃，清肝降火；煲过的粉葛，入口松化，甘甜可口。把粉葛切片加工成干葛，用作中药配处方，有生津止渴、清热泻火功效。粉葛还可制成葛粉，用开水冲匀成稀糊，配上白糖或红糖，食用方便，清热和胃，是上等的清凉饮料。种植粉葛传统的有蕉园、水坑、院主、沙浦、桃溪、八庙等地。至2017年底，粉葛种植面积已达2000亩，总产量约1500—2000吨。粉葛主要销往省内各县、市，部分销往香港、澳门等地。也有部分粉葛出口国外。本地粉葛购销专业户有20多户，也有外地购销专业户前来收购，粉葛产、销两旺。

鼎湖上素　鼎湖上素是鼎湖山庆云寺特有的素菜，所以称"鼎湖上素"。始创于明万历年间（1573—1620），有近400年历史。此菜取材讲究，选取上好的冬菇、草菇、发菜、雪耳、木耳、石耳、笋干、腐竹、粉丝、黄花菜等原料，用清水浸发、洗净、逐一煨制，再加上配料，用猛火共煮。做成后，色泽鲜艳，芳香扑鼻，甘香脆口，爽滑鲜甜，是"鼎湖上素"特点。

八、民俗文化

康爷诞 又称"康公诞"，流行于广利砚洲岛，节期为农历七月七日。是日砚洲各村民摆祭品、焚香烛、以纪念水神"康公"，祈求康公庇佑风调雨顺、五谷丰登。康爷诞也是砚洲村民宴请亲朋好友相聚的重要节庆。

公太诞 又称"何真人诞"，农历八月十二日。是日，桃溪各村民摆祭品、焚香烛，以纪念先祖何真人，并宴请亲戚朋友欢聚一堂。

苏真人诞 农历四月二十日为"苏真人诞辰"。是日，蕉园村民摆酒设宴，鸣炮焚烛以祭祀。村中热闹非常，人来人往，群狮起舞，戏台高筑，古乐和鸣。梁姓村民及其分支族人自发前往祭祀。传说苏真人曾为梁姓村民治病救灾，在真人仙逝后，梁姓村民募捐建了苏真人祠，求其保佑风调雨顺，国泰民安。

烧蕃塔 又名"烧花塔""烧瓦塔"，是鼎湖桂城街道水坑等村在中秋节当晚的一项风俗活动。蕃塔一般用砖头或瓦片砌成，围叠而上，塔身逐渐收小，最后封顶而成，下面有几个口，用来放入烧塔用的木柴、稻草。一般人家都会很乐意拿自己家的柴添上一把，祈求生活红红火火、幸福美满。

包公巡游 农历二月十四日，鼎湖区广利镇砚洲岛村民举办民间"包公巡游"活动，贺包公诞。包拯曾主政端州三年，因清廉政绩显著，官拜"龙图大学士"。民间流传，西江上的砚洲岛是包公离任时，因随从私携一方端砚被包公发现，"掷砚成洲"而成。是日，村民家家在门前摆祭品、焚香烛恭迎。远近游人到包公像前祈福，祈求风调雨顺，国泰民安。

贝水婚礼　贝水婚礼是鼎湖区永安镇贝水、五南、歧洲、长涌、新村一带的婚庆传统习俗。婚礼的过程分为：备礼—新郎出门—上马—接新娘—拜中堂—谢礼等多个环节。贝水婚礼这一习俗表现了永安群众祈求婚姻幸福美满，向往日子过得红红火火、甜甜蜜蜜的美好愿望。

凤凰山歌　凤凰山歌主要流行于鼎湖区凤凰镇一带。山歌内容丰富，有劳动歌、时政歌、仪式歌、情歌、季节歌、猜字歌、劝郎歌等，其中尤以情歌最为丰富。凤凰山歌记录了凤凰人的历史文化、民俗风情、生产和生活场景，传达着人们的喜怒哀乐，是凤凰人珍贵的文化财富。

九、旅游资源

鼎湖山　岭南四大名山之一，位于肇庆城区东北18公里，地处北纬23°，东经112°。因地球上北回归线穿过的地方大都是沙漠或干草原，而纬度相当的鼎湖山景区，由于受季风影响，却是一片生机盎然的亚热带、热带森林，所以鼎湖山又被誉为"北回归线上的明珠"。1956年，鼎湖山成为中国第一个自然保护区。1979年又成为中国第一批加入联合国教科文组织人与生物圈计划的自然保护区，建立了人与生物圈研究中心，成为国际性的学术交流和研究基地。鼎湖山景区以亚热带天然森林、溪流飞瀑、深山古寺见长。它在1980年正式加入世界自然保护区网，同时又成为联合国教科文组织"人与生物圈"生态系统定位研究站，是世界重要的自然保护区。鼎湖山林壑幽深，泉溪淙淙，飞瀑直泻，自然风光十分迷人，有鼎湖、三宝、凤来等10多座山峰。因原来山顶有湖，本名"顶湖山"。西南坡西溪龙泉坑有水帘洞天、白鹅潭、葫芦潭等8处瀑布，山南麓有庆云寺，西南隅有白云寺，山腰建有日本僧人荣睿大师纪念碑。

砚洲岛　砚洲岛位于鼎湖山之南，是广东省最大的江心岛。全岛面积6.32平方公里，距广州市80公里，对外连接广佛、广三、广肇高速，珠外环高速，321国道，铁路，城际轻轨，一小时到达珠三角；离肇庆市区仅18公里，有15路公交车直达码头，交通便利。砚洲岛是一个集休闲度假、文化旅游、礼佛祈福、文化创意、田园观光、居住养生、农耕体验为一体的大型度假胜地。

九龙湖　位于肇庆市鼎湖区凤凰镇内，集雨林面积达146平方公里，湖面面积达3.67平方公里，平均水深12米，湖面呈"人"字形，由九条山溪水汇合而成，九条山溪又宛如九条蛟龙腾空欲出，故有"九龙湖"之称。九龙湖景区和鼎湖山一脉相连，地理位置十分优越，距离广州、佛山等主要珠三角城市仅1个多小时车程，被誉为"珠三角的都市后花园"。九龙湖景区分为两大部分：中心景区、凤凰湿地森林公园。九龙湖景区是一个综合型景区，除了有沟谷雨林、湖泊、客家生态自然村、湿地森林公园等景点、景观外，还有餐饮、住宿、会议、户外拓展培训等服务，是观光、度假、会议、培训、郊游的好地方。

黄金沟　位于鼎湖山风景区东侧、肇庆市鼎湖区凤凰镇九坑河水库主干流的源头，与鼎湖山风景区一脉相承。黄金沟距肇庆市鼎湖区凤凰镇8公里，因当地村民曾在此采沙淘金而得名"黄金沟"。景区距肇庆28公里，西连鼎湖山，东邻葫芦山，北接贞山，与鼎湖山风景区一脉相连。气候温和，雨量充足，瀑布成群，湖水清澈，山高林密，古木葱茏，鸟语花香，动植物种类繁多。黄金沟拥有山林面积260平方公里，水库面积6.7平方公里。2000多种植物，向人们展示着大自然的奥秘，是集旅游、休闲、养生、度假及自然科普教育于一体的生态旅游胜地。

藏龙沟　藏龙沟旅游风景区位于肇庆市鼎湖区凤凰镇氹坑河水库主干流的源头，距鼎湖区凤凰镇321国道8公里。藏龙沟经专家认定负离子每立方厘米含量达90000个，是一个天然大氧吧，沟内山泉水常年不断，天然植物众多，最具代表性的是恐龙时代的植物桫椤。沟长6000米，满布奇石瀑布，内分三大区域：植物区、溯溪区、攀抓区（探险区），适合户外活动，是集旅游、休闲、养生、度假于一体的生态旅游胜地。

天湖鹭鸟度假邨　天湖鹭鸟生态邨位于鼎湖区沙浦镇西南、烂柯山北麓，建于2002年。天湖鹭鸟生态邨占地面积约1800亩，其中旱地500亩，水田1300亩。经过十几年的建设，已经形成了良好的生态环境，植物多达500余种，绿树成荫，花草繁茂，四季水果飘香。邨内有多个大小不一的荷花塘，夏季荷花盛开时，花香随风飘散，沁人心脾。数万只白鹭栖息在中心鱼塘小岛的小树林中，迎风起舞时成为天湖的绝佳胜景。

第二节 鼎湖革命老区概况

一、开展革命老区评划

中华人民共和国成立后，各级党委、政府高度重视老区的发展，制定政策，划定革命老区，帮助老区人民恢复生产，发展经济，大力扶持老区建设。广东省根据中央的规定和本省的实际情况，制定政策，以自然村为单位，从1953年开始先后几次在全省范围内评划革命老区村。1957年4月，广东省人民委员会根据国务院有关评划革命根据地的规定，发出《关于评划革命根据地标准的通知》，规定评划革命老区的标准为：必须建有党的组织、群团组织，建立了革命政权，并坚持武装斗争半年以上者；同时在革命低潮时，各组织无背叛革命的行为。1979年6月24日，经国务院批准，民政部、财政部颁布划定革命根据地的标准。第二次国内革命战争根据地的划定标准是：曾经有党的组织，有革命武装，发动了群众，进行了打土豪、分田地、分粮食、分牲畜等运动，主要是建立了工农政权并进行了武装斗争，坚持半年以上时间的。抗日根据地的划定标准是：曾经有党的组织，有革命武装，发动了群众，进行了减租减息运动，主要是建立了抗日民主政权并进行了武装斗争，坚持一年以上时间的。1992年，根据广东省民政厅《关于补划老区村庄的意见》，鼎湖区沙浦镇沙三新村被广东省公布为红色游击区自然村，沙浦镇属大革命时期的革命老区镇。

二、沙三新村基本情况

沙三新村（自然村）位于沙浦镇北部，距离镇政府约0.5千米。东邻圩镇，西与沙中村相连，南接叶姓村，北临西江。2017年末，户籍人口170人。

1926年，沙东村（沙四村）土豪、劣绅梁印渠对参加农会的农民进行迫害，将他们驱逐出村，农民们有家不能回，成了无家可归的人。沙浦乡农会立即筹集300元资金向叶姓人买下一块河滩地，建设农民新村来安置被逐的农会会员，成为沙三新村。1992年，根据省民政厅《关于补划老区村庄的意见》，沙三新村被广东省公布为红色游击区自然村，属大革命时期的革命老区村。

1993年，区政府投入资金1.5万元，修建碑前护坡堤。1994年，市民政局拨款10万元，区政府拨款6000元，扶持老区村改水、重修水池、购置加压机、改造低产水塘等工程。1996年，市政府投入15万元，村自筹资金25万元，动工兴建水泥公路，总长3千米；省、市政府投入30万元，村自筹资金20万元，建设沙三管理区硬底化排灌渠6千米。1997年，省、市政府投入30万元，自筹资金20万元，建成小学1间。2000年，区民政局拨款9000元帮助老区发展生产。

新村传统经济以种植水稻、甘蔗，养殖四大家鱼，养殖禽畜为主。以前采用集体经营，农民日常由生产队派工，按工作的轻重换取工分。2010年开始，村集体将部分低塱低洼地和低产田改为优质鱼塘，对外承包，村集体总收入达250多万元。2017年全村鱼塘面积2295亩，肇实加工也成为主要副业。村民主要收入来源有农业生产、商业经营、劳务输出、房屋出租和村集体经济分红等，村集体经济收入380万元，人均纯收入8790元。自然资源主要有沙浦大坑头的天然饮用山坑水，特色农产品肇实。节庆食品有春节的裹蒸粽，端午节的碱水粽。

沙三新村一角

三、沙三村基本情况

沙三村位于沙浦镇西边，东接沙浦圩镇，西与沙二村为邻，南靠烂柯山，北临西江。有村道至堤围公路通镇区以及西江渡口，在建的江肇高速从沙三村中间南北贯通。

沙三村始建于元朝元贞年间（1295—1297），因位于沙浦镇中部，故名"中股村"，1958年改称"沙浦三村"。村委会坐落于沙三村中部，东距沙浦镇政府所在地约0.6公里。沙三村辖沙中、沙浦叶、新村等3个自然村。2017年，沙三村总面积2平方千米，有住户415户，户籍人口1495人，生活主要依靠农业收入的有759人。祖籍该村的香港同胞有46人、台湾同胞有4人。华人华侨有34人，主要分布在新加坡和越南。村民均为汉族，属广府民系，使用粤方言鼎湖沙浦话。

沙中村有莫、陈、薛、苏、李、汤、吴、庄、张、姚、唐、梁、伍等姓，叶村有叶、冯、何等姓，新村有黄、陈、张等姓。最早到沙三定居的是吴姓。元代时，吴氏始祖吴贵安由南雄珠玑巷迁到烂柯山北麓的西岸村。元末明初，七世孙吴万寿、卓宽、师养等全族迁居沙中村定居，建有宗祠吴家祠。清代咸丰年间（1851—1861），江南提督张国梁（苏坑人）曾给吴氏宗祠题写界碑，该碑现在安置在吴氏宗祠。1922年，吴氏始立族谱，但未付印。明洪武年间（1368—1398），叶姓先祖原居横查都横石村的叶累仁迁来沙浦叶定居，曾建有始祖祠和十四祖祠，现存叶家宗祠。明嘉靖年间（1522—1566），李和义由永安牌楼分迁沙中村，建有宗祠。明代，伍康杰由沙三村委古球自然村分迁沙中村，建有宗祠。清康熙年间（1662—1722），原祖居四会下茅冈的薛光考迁沙中村定居。沙三冯姓祖居典水黄湾，清中叶后，后代分迁沙浦村。明洪武四年（1371），原居南海平洲的莫子震迁居莲花镇布基村，其三子后代莫国泰迁居沙浦沙中村，建有莫家祠。

建于明代中叶的李氏宗祠和建于清代的吴氏宗祠、吴功补故居、李氏宗祠以及建于清代中叶的仁厚里古巷等古建筑都被载入肇庆市鼎湖区第三次全国文物普查不可移动文物登记表。其中，吴氏宗祠是第一次国内革命战争期间，农会开办的"沙浦农民协会子弟学校"旧址。沙三村有百年古井1口，村民仍在使用。

沙三村有着光荣的革命传统。1926年，沙三村农民积极参加农会和农民自卫军，冯三娣当选为沙浦乡农会副主席。翌年，冯三娣、李佑、梁六、何积等壮烈牺牲。1959年，高要县人民政府为纪念第一次国内革命战争中牺牲的54位沙浦革命先烈，在沙三村文化广场西侧建沙浦革命烈士纪念碑，该纪念碑为市级文物保护单位。1950年，伍立在解放海南岛时失踪，1981年政府追认他为革命烈士。1993年，沙三村被评为市级和省级的革命老区村。

沙三村以种养为主，大电网未进入前，洪涝灾害严重，稻田多为单造。20世纪60年代后，随着电动排灌站建成，沙浦截洪渠等水利设施逐步完善，农田基本改成双造田，低塱全部改成双季稻，只有深水塘养四大家鱼。改革开放后，低塱逐步弃稻还鱼。主种水稻、肇实、香蕉等，盛产塘鱼。近年根据市场行情调减香蕉种植面积，适度发展优质鱼养殖和禽畜养殖，推广种植莲藕、蔬菜等高价值经济作物，大力发展肇实加工业。改革开放后，沙三村成为沙浦镇主要的肇实加工村之一。

沙三村聚落呈块状分布，原建筑多为砖木结构平房，少数为砖混凝土结构楼房。建区后人民生活水平不断提高，居住条件日益改善，人们基本新建2至3层的混凝土结构的楼房，外墙多贴有马赛克。

沙三村自古崇文重教。1707年，创立境内最早的书院之一——沙溪书院。清代，有道光举人叶向荣、咸丰举人吴焜元、光绪举人吴功补（吴德元）。吴功补曾任民国《高要县志》编纂（《肇庆市鼎湖区志》有传），父亲吴杰才是清代国学生，曾任江西按察使司知事。民国时期，有日本神户法学院法科毕业的吴端玉、广州岭南大学农学院毕业的吴端立（2人均为吴功补的儿子）。清朝至民国时期，沙三设有私塾，但没有学校，1968年上半年以前，子弟需要到沙二学校上学。1968年下半年，建有沙三小学，并附设初中班。1980年，撤销小学的附设初中班，恢复小学六年制。1984年8月，投入资金6.4万元，建成沙三小学两层的宿舍和办公楼，面积394.4平方米，改称"沙浦中心小学"。1990年8月又投入资金15.6万元，建成三层九室的教学楼，面积742.05平方米。1997年，省、市政府以资助老区办学名义投入30万元，沙一、沙二、沙三、沙四、黄布沙、苏一等村自筹资金20万元，建成沙浦中心小学。新中国成立至今，沙三有大学毕业生90人。

1960年5月，沙三幼儿园负责人兼幼儿教师、保育员叶福娣被广东省委、省人民委员会评为广东省文教战线社会主义建设先进工作者。2011年，沙三村有处级及以上干部叶晓基和曾在广州市政府任职的陈其昌。沙三村有港澳同胞40多人，他们热心支持家乡建设，较为突出的是香港同胞吴端玉，1980年，他曾以沙浦同乡会名义回乡捐建沙浦片（含沙一、沙二、沙三、黄布沙村）的自来水管。

1964年，沙三村设卫生站，有卫生员1人，1970年改为合作医疗站。沙三村人原来要到水井打水或到西江挑水饮用，1979年，政府帮助村民建水塔，开始用上自来水。80年代后，村民逐步在居屋设卫生间，建化粪池，建独立的厨房。2011年，沙三村委会有卫生站1所，农村合作医疗参保人数1395人，参保率100%。80～89岁老人有27人，90～99岁有4人。

1994年，市、区政府共拨款106000元，扶持沙三新村重修水池和购置加压机，改造低产水塘。1996年，市政府投入15万元，沙三村自筹资金25万元，动工兴建水泥路，总长3公里；省、市政府投入30万元，沙三村自筹资金20万元，建设沙三管理区硬底化排灌渠6公里。

2005年，沙三村投入资金2万元，推进生态文明村建设。建有文化室1间，农家书屋1间，篮球场1个，乒乓球室1间，全部街巷安装路灯。2007年，开展创建卫生村活动，整治农村环境卫生，投入资金45万元，改造下水道230米，建有自然村公厕4间。绿地面积约600平方米。实现环乡公路全部硬底化，总长3公里。

2017年，种养总面积2500亩。其中，水稻200亩，鱼塘1594亩，肇实300多亩，莲藕150亩，其他256亩。鱼塘养四大家鱼（鲩、鳙、鲢、鲮）1500多亩，桂花鱼30亩，鱼苗20亩（作桂花鱼的饲料）。塘基主要为养猪场，由20多户人家承包，肉猪存栏量5000头；还养有少量的白鸭。其他经济作物主要有玉米、木瓜、香蕉、冬瓜、辣椒等。常常有客商上农户家收购农副产品。有肇实加工厂6间，肇实加工专业户采用先进的自动化生产线，集生产、加工、销售于一体，每年加工肇实700多万斤。沙三村出租商铺5间、加油站1间，年出租收入2.5万元。2017年，沙三村集体经济总收入250万元，人均纯收入6000元，人均分配1580元。

四、沙浦镇基本情况

沙浦镇位于东经112°40′，北纬23°09′，地处鼎湖区南部，东、南、西与高要区接壤，北临西江。2017年，沙浦镇辖区总面积105.8平方千米，下辖桃一、桃二、沙一、沙二、沙三、沙四、黄布沙、典一、典二、典三、苏一、苏二、苏三等13个建制村和1个社区，62个村民小组。镇内山地面积54平方千米（其中，国营高要林场43.33平方千米，9个行政村10.67平方千米），基本农田保护区38.07平方千米。2007年末，全镇总户数6848户，总人口23463人，其中农业人口22518人。

沙浦镇南高北低，大部分是低洼地，约占65%。最高笔架山主峰海拔904米，最低香山塑海拔4米。属亚热带季风气候，年平均气温24℃，极端最高气温38.5℃，最低气温-1℃。年均降水量1500毫米。极端年份最大降水量2400毫米，最少降水量873毫米。境内河道属西江水系，典水涌以烂柯山为源头，东西走向，流程14.35千米，集水面积96.67平方千米。自然资源有砚石、石灰石、花岗岩石等矿产资源。拥有林地53.33平方千米，野生动物有400多种，保护动物有穿山甲等，野生植物2000多种。沙浦镇盛产塘鱼、肇实、香蕉和粉葛等名优土特产，更有驰名中外的金线鲤。

镇政府在沙浦圩承前路10号，距区政府15千米。沙浦属地范围基本没改变。建区前，沙浦属高要辖地。明洪武年间（1368—1398），属亲仁乡的头溪都、典水都。清初至道光年间（1821—1850）袭明制。咸丰五年（1855），属桃溪都、沙浦都和典水都。民初袭清制。民国十七年（1928），都堡改为乡。民国二十六年（1937），属高要县第四区桃溪乡、沙浦乡、十段乡、典水乡、八庙乡。民国三十二年（1943）10月开始，属第四区的头溪乡。1953年5月，属高要县第八区的桃溪乡、沙浦乡、典水乡、苏西乡。1957年3月，属广利区头溪乡。1958年3月，撤区并乡，为头溪乡，同年10月，为广星人民公社二团。1959年7月，为沙浦人民公社。1983年，改称沙浦区。1986年11月，撤区建镇，改称高要县沙浦镇。1988年3月鼎湖区成立，为鼎湖区沙浦镇。"浦"的意思是水边地，"沙浦"以此得名。沙浦镇水陆交通便利，北临西江，历史上水运是主要交通渠道，从沙浦堤围公路过西江有沙浦横水渡口和桃溪渡口。北距鼎湖中心城区15千米，西距肇庆市城区35千米，东距省会广州市80千米。珠外环江肇高速南北贯通境内。

沙浦镇东西最大距离约20千米，南北最大距离约3.5千米。沙浦地属西江下游冲积平原。沙浦镇低洼地多，靠烂柯山边一带为沉积土，靠西江河边一带为冲积土。沙浦圩位于西江南岸羚羊峡下约11千米的基围上，以一段100多米长的堤面作街道。街道泥石路面，两旁有约30间店铺。沙浦镇有文化站、广播电视站各1处，村级文化广场（活动中心）14处，各类文化专业户41户；各村的农家书屋建设完成，各类图书室（含农家书屋）14间，藏书3.02万册。音乐、美术、书法、摄影等文艺创作人员37人，文艺社团3个；有市级文物保护单位4个，分别是"海军马口抗日阵亡将士纪念碑""沙浦革命烈士纪念碑""何真人祠""沙浦农民协会旧址"。

1980年4月，35千伏沙浦变电站建成投产，初装主变压器1台，容量为2400千伏安。1981年，沙一、沙二村引大坑头（土名）的坑水作自来水饮用，接着公社组建自来水厂，建水塔从西江抽水，与沙一、沙二的坑水自来水联合供水，沙浦圩居民结束了到西江挑水饮用的历史。1981年，同福路往东延伸约300米接通沙四村，使沙浦片从沙一村至沙四村连成一片，并将沙一至沙三村前街及同福路全线铺成混凝土路面。同年，沙浦公社建筑公司投资5万元，在今府前路北端堤围斜坡脚，增建一个小型市场，占地面积约500平方米。场内建有简易铁棚，设有瓜果蔬菜摊位20个，商贸经济迅速发展。

1988年，在同福路南新辟一条约300米长、20米宽的街道——承前路，承前路两头建府前路和众兴路，均为12米宽、40米长，使沙浦圩街道成"井"字形布局。1988年后期，开始有内街居民住房。新建的商铺、民房全是二至四层楼房。红砖墙、钢筋混凝土结构，内外墙用水泥石灰荡面（首层商铺内墙多用乳胶漆荡面），混凝土地板或铺地板砖，有冲凉房、卫生间。1994年，沙浦镇制定扩建圩镇规划，沿众兴路向南划地26.67平方千米，新建宽12米至25米的街道4条，全为混凝土路面。投资80万元在众兴路东南端修建沙浦农贸市场，1995年位于沙浦圩众兴路东敬老院建成。占地面积2540平方米，建筑面积1580平方米，钢筋混凝土结构，内设10个套间（3房1厅4套、4房1厅6套）。有工作人员3人，常年入住五保老人10—15人。1998年沙浦农贸市场建成。市场占地面积2240平方米，混凝土框架结构，建筑面积800多平方米，有约800平方米钢梁铁棚，市场内卖日杂、成衣、鱼肉、蔬菜和活禽的商铺、摊位近40间（个）。2000年，沙浦圩镇总面积约0.3平方千米，有宽12米以上的街道8条，总长1.78千米，两旁商铺300多间。年初再次改造供电开关站，沙浦镇变电站成为鼎湖区第一个无人值守的变电站。沙浦变电站投产后，沙浦圩街及沙四村至沙一村前街全线安装路灯。新圩街建成后，圩镇街道及沙四村至沙一村前街改装水银街灯共80盏。

2000年9月，沙浦镇政府再筹集资金23万元，对影剧院进行重修。圩内住铺300多间，居民住房近200间，人均居住面积35平方米。2011年，已完成三十年一遇堤围防洪工程、电排站重建工程、排洪渠扩宽培厚工程和农田水利工程的基本建设。

从2012年开始，沙浦镇由传统畜禽养殖向发展高效高质水产品和经济作物转变，农业、农村经济平稳健康发展。加快构建沙浦生态观光旅游、特色饮食文化带，着力打造香蕉、粉葛、肇实、金线鲤、无公害蔬菜等基地，打造沙浦特色农产品品牌。

2017年，沙浦镇实现社会固定资产投资3.29亿元，农业总产值4.23亿元，完成年计划100%；村级集体经济收入和农民人均纯收入稳步提高。是年，沙浦镇被评为"广东省文明镇"；沙浦镇党委被评为"肇庆市级基层党建示范点"；在肇庆市综治维稳平安创建"三项调查"工作中，于全市105个镇（街）中排名第一。2016年11月，金线鲤和肇实被评为广东省十大名优农产品。

第二章

鼎湖农运的兴起与发展

成立农会　建立农军

　　1924年至1927年，在中国共产党的领导下和第一次国共合作的推动下，西江地区掀起了轰轰烈烈的农民运动，成为广东农民运动的策源地之一。高要县是西江地区农民运动开展最早的县份之一。鼎湖全境（当时属高要县六区、七区）则是农民运动影响最广泛的区域之一。

　　农民运动产生的原因在于在封建土地所有制的羁绊下，大量的土地被少数地主所掌握。大革命时期，高要县70%以上的土地集中在地主和劣绅手里，他们通过地租、高利贷和雇工等种种方式对失去土地的贫苦农民进行残酷剥削和压迫，广大贫苦农民处于"衣不蔽体，食不果腹""挂起禾镰无米煮"的困境，生活苦不堪言。再加上各种名目的苛捐杂税多如牛毛，如遇灾年歉收，广大农民无法度日，只能卖儿卖女或逃荒异乡。不少农民为了寻求生计，丢下父母妻儿，去到国外。地主的高压盘剥，激起了广大农民对地主阶级的仇恨。整个社会犹如一个巨大的火药桶，只要有一点火星，就会引爆，燃起革命的烈焰。

　　1924年8月，中共党员陈殿邦、蔡日升、黄侠生、韦启瑞、周其鉴等受中共广东区委派遣，以国民党中央农民部特派员、国民党高要县党部筹备员身份，到高要县六区（今鼎湖区广利、沙浦）、七区（今鼎湖区永安、莲塘）开展农民运动；同时，社会主义青年团广东区委也先后派员到高要县开展农民运动，自此，高要县的农民运动从农民自发组织斗争转为在党的指挥下开展斗争。在党组织的领导下，高要县的农民运动不断发展壮大，运动中产生了一批先进的农民骨干分子，为后来高要县党组织的建立奠定了基础。1925年12月，广东省罢工委员会委员、共产党员谢敬持（今鼎湖区莲花镇六桥村人）和省农民协会特派员周铁琴（女）到七区（今鼎湖区永安、莲塘）开展活动。1926年1月，成立七区农民协会和组建农民自卫军。

1926年初，广东省农会西江办事处在肇庆宣告成立。3月初，广东省农民协会西江办事处主任、中共西江地委书记周其鉴和韦启瑞、谢大德等到六区（今沙浦、广利）指导农民运动，开展革命宣传工作，揭发恶霸、地主压迫剥削农民的种种罪行，号召农民踊跃参加农会，开展减租减息斗争。他们到沙浦后，找到苦大仇深的贫苦农民陈进，对他进行宣传发动。在韦启瑞等人的教育下，沙浦农民陈进（今鼎湖区沙浦镇沙二村人）懂得了"被压迫的农民要翻身，就只有组织起来跟着共产党闹革命"的道理。于是他积极串联发动，召集本村被压迫的农民到"沙溪书院"（今革命烈士纪念碑侧）进行革命宣传。陈进积极响应共产党的号召，首先加入农会。同年3月9日，正式成立沙浦农民协会，选出陈进为农会主席，冯三娣为副主席，并组建农民自卫军，农军有70多人，陈福昌为队长，陈友为副队长。

沙浦农会成立后，高要县第六区（今广利街道、凤凰镇、沙浦镇）以沙浦农会为核心力量的农民运动蓬勃兴起，陈进等人带领农民积极开展减租和反苛捐杂税斗争，并直接推动了桃溪、典水、砚洲、水坑、九坑、苏坑、院主、富廊等11个乡相继成立农民协会，还组建了农民自卫军，使以沙浦乡为主的农民运动蓬勃开展。第七区（今永安镇、莲花镇）由省罢工委员会成员谢敬持（今莲花人）和省农会特派员周铁琴组织成立各乡农会、区农会，并解散了地主豪绅把持的区民团局，组建农民自卫军。

革命之火　遍及乡村

　　农民协会和农民自卫军的兴起，使得地主民团惊恐万分，他们害怕农民革命运动，害怕千万农民起来斗争，更害怕失去他们的统治地位，所以千方百计地寻找借口，挑起事端。1926年6月，水坑农会梁甲荪等5名会员被桂岭民团殴打；7月，长利农会干部被长利民团殴打，枪械被收缴；典水农会7名农军战士被禄岗民团逮捕，枪械被收缴；沙浦农会会员被沙东民团殴打，并驱逐出村；苏坑民团强迫会员退出农会并钉封农会办公场所，对坚持不退会的农会会员进行殴打、侮辱甚至屠杀。地主民团反革命分子的暴行，激起农民协会会员和农民自卫军战士的万丈怒火。一方面，沙浦乡农会筹集300元向叶姓人买下一块河滩地，建设农民新村（今鼎湖区沙浦革命老区沙三新村），安置被逐的农会会员；另一方面，忍无可忍的农会决定狠狠打击地主民团的嚣张气焰。

　　沙浦乡农会主席陈进亲自前往广州向省农工厅请示攻打地主民团一事，得到省农工厅的支持。1926年8月14日晚，沙浦、苏坑、桃溪各乡农军共70多人，联合攻打由区长梁印渠所领导的沙浦民团，当农军接近村庄时，四面枪声齐响，敌人狼狈逃命，农军穷追猛打，激战两小时，打死打伤反动民团各1人，缴获步枪1支。这次战斗是沙浦农民武装力量的初次尝试，首战告捷，群情振奋，扫除了农民运动的一个障碍。接着，沙浦农军又联合桃溪农军，攻打桃溪大地主何老八的反动民团，击毙民团副团长何社养和地保何伯行，活捉民团奸细何宝盘。农民运动更加汹涌澎湃地发展，地主豪绅的嚣张气焰大减。同年9月，农会与地主民团签订三条有利条约：一是实行"四六"减租；二是取消虐待、歧视农民的一切规定；三是民团不许干涉农军的行动。农军的胜利极大地鼓舞了广大农民的革命斗志，农民纷纷加入农会，有些农军卖了耕牛和粮食，筹措资金购买枪支，农军队伍实力不断加强。

1926年秋，沙浦乡农会在沙浦中股（今鼎湖区沙浦镇沙三村）吴氏宗祠创办"沙浦农民子弟学校"，传播文化知识和宣传革命道理。该校首期学生50多人，教师两名，陈益之（今鼎湖区沙浦镇沙二村人）任校长。建校后，陈益之多方筹集办学经费，对读书的农民子弟免收学费、杂费，还发给书本和校服，鼓励学生读书，改变农民孩子无书读的困境。到了夜晚，沙浦农民子弟学校又成了农民夜校，农民在夜校识字学文化，学革命道理，学新思想。沙浦农民子弟学校为大革命时期的农民运动培养了许多革命骨干和坚定的革命者。

地主民团虽然表面上妥协了，但他们并不甘心失败。1926年9月20日，沙浦乡农会会员4人遭沙东民团开枪追杀，在云林寺（今鼎湖区沙浦渡口附近）前放哨的农军战士即鸣枪示警并实施救援，大部队农军闻讯相继出动援助，敌人沙东民团也有不少团丁赶来参战。经过激战，民团不敌，向沙东村退却，农军乘胜追击，毙敌1人，缴获步枪4支、火药枪4支，烧毁民团公所1间。民团，求和，愿意向农军补回子弹损失并赔偿1500元。戗事遂告结束。

1926年，高要六、七区各乡农民在中国共产党的领导下，组织农会进行革命。广大劳苦农民深深感到，自从有了共产党的正确领导，沙浦农民组织起农会和农军，灭了地主劣绅的威风。农民自己掌握了枪杆子，不但解除了地主对农民的虐待压迫，又建设了革命新村，还办起了农民子弟学校，修建大道，修整码头，村子里出现一派新气象。加上当时又实行了减租减息，劳动得到了合理报酬，加上当年风调雨顺，农民生活有了保障，跟着共产党闹革命的决心就更大了。

沙浦乡农民运动的快速发展，引起了地主恶霸梁印渠的仇视，他组织了一个镇压农民武装的地主民团，威胁着农会和农军的发展。1926年10月初，为了进一步扩大农会和农军在群众中的影响力，打击敌人的威风，广东省农会西江办事处决定在广利圩召开一次高要县第六、七区农会会员大会，总结农会成立后的农民运动情况，并组织一次乡民大会和示威大游行，声讨国民党右派勾结地主反动势力镇压农民运动的行为。

沙浦各乡农民踊跃参加。这一天早上，沙浦各乡农民队伍陆续从四方八面汇集到广利圩。设在广利槎布的大会会场人山人海，锣鼓喧天，红旗招展，热闹非常。广东省农会西江办事处和高要农会派来谢敬持、周铁琴等同志出席大会。

第六区区长兼反动民团头子梁印渠知道农民要举行大会和示威游行，非常不满，但又无可奈何，就派他的狗腿子六区民团大队长何老八到会场进行威吓。何老八领着几个荷枪实弹的团丁，装模作样地走到会场。沙浦农军大队长陈福昌拦住问道："你有什么事？"何老八打起官腔傲慢地说："梁区长有命令，你们只准老老实实开会，不许闹事，否则依法惩处！"陈福昌抢前一步，睁大眼睛反问："我们农民搞农会，是政府同意的，犯什么法？闹什么事？倒要听你讲个道理。"何老八感到理亏，哑口无言，忽然瞧见农民队伍中的标语旗帜，就像抓住把柄似的大叫道："你们好大胆呀！这里写的是要打倒谁？你们说，谁是土豪劣绅、贪官污吏？"陈福昌看看标语旗帜，义正词严地厉声说：

"对！我们就是要打倒土豪劣绅，贪官污吏！至于谁是这种人，不用我来指明，他自己心知肚明。"何老八一听，正要发作，眼见周围已经聚拢了一大群背枪持刀的愤怒的农民群众，顿时吓得大惊失色，慌忙和几个团丁倒拖着枪杆，抱头鼠窜地逃回区署了。

大会顺利地开始了，1万多名农民兄弟兴奋地听着谢敬持等人的讲话，热烈庆祝革命斗争的初步胜利。大家特别对打败民团、旗开得胜的英勇的沙浦农军表示热烈的庆贺。鼓掌声和口号声此起彼伏，整个会场变成了欢呼的海洋。

会后，万名农会会员举行示威游行。游行队伍由一面印有"红犁头"图案的旗帜领队开路，大红黎头旗后边是无数的小红黎头旗迎风飘扬，它象征着农民团结的伟大力量；接着是大锣大鼓、兴高采烈的醒狮队，威风凛凛、精神抖擞的农军队列，农军战士们有的托着步枪，腰系子弹袋，有的背着雪亮的大钢刀或者手持长矛枪和红缨枪，个个齐着步伐，雄赳赳地行进；随后是各乡的农民队伍，每个人手里都拿着一支彩色纸制的写有标语的三角形小旗，一边走，一边挥舞着高呼口号；在农民队伍中间，还穿插着宣传小队。游行队伍从槎布会场出发，转入街市，走向圩尾的长利杉笃，绕行一周，几乎把街道都填满了，沿途锣鼓喧天，口号声不断，旁观的市民夹道欢迎，家家燃放鞭炮，庆贺农民团结的伟大胜利。

但是，在第六区区署门前，这时却是另外一番景象。这里堆满沙包，围着铁丝网，团丁严密把守，如临大敌。梁印渠此时正在区署楼上气得暴跳如雷，走来走去。他推开窗门，听到外边游行队伍中响亮的口号声："打倒帝国主义！打倒军阀！打倒土豪劣绅！打倒贪官污吏！工农团结万岁！"这时，化装的宣传队正好走到区署门前，只见有的扮成恶霸地主，有的扮成土豪劣绅。

梁印渠定眼一看，在队伍中有一人化装成身穿长衫马褂、戴着一副墨晶眼镜、长着八字胡须、满脸豆皮的大胖子，正好和他本人的形貌一模一样。这个人左手提个大算盘，右手托把大谷秤，背着一个写有"勒收行水，苛捐杂税"的大布袋，被持枪的农军押着，踉踉跄跄地走着。满街的群众都捧腹大笑，纷纷说："扮得十分像呀！"梁印渠气炸了五脏六腑，怒气冲天，"砰"地关上门窗，拍台大骂何老八："不中用的饭桶，你给吓死了是不是？今早叫你去怎么说的？"何老八战战兢兢地说："报告区长，今天他们枪多人众，连我也几乎跑不出来啊！"梁印渠气得发疯似的双手抓住何老八的胸襟照楼梯口猛地一推，大喝道："你给我滚！"何老八被推得从楼梯上踉踉跄跄地跌落到地下。

这时，门外游行队伍的口号声又震天地响起："打倒军阀走狗！工农团结万岁！"革命风暴席卷西江南北，六区、七区农民沉浸在革命胜利的喜悦里。

联合战斗　攻打民团

1926年8月至1927年12月，在大革命的浪潮中，在农民协会快速发展和农军取得节节胜利的大好形势下，先后成立了沙浦、丙田、莲塘、大布、富廊和七区警卫队中共党支部。这些党组织成立后，组织农会和农民自卫军与地主劣绅进行了坚决的斗争。

攻打桃溪民团

1926年8月14日晚，沙浦、苏坑、桃溪乡农民自卫军共100多人，联合攻打桃溪何老八的民团，击毙副团长何社养和地保何伯行，逮捕奸细何宝盘，迫使桃溪民团签订有利于农民的条约：（一）实行四六减租；（二）取消苛捐杂税和虐待农民的行为；（三）农民自卫军的一切行动不准地主民团干涉。

抗击沙东民团

1926年9月20日，沙浦乡农会会员4人遭沙东民团开枪追杀，在云林寺（今沙浦渡口附近）前放哨的农军战士即鸣枪示警并实施援救，大队部农军闻讯相继救援。民团不敌，向沙东村内退去，农军乘胜追击，毙敌1人，缴获步枪4支、火药枪4支，烧毁民团公所1间。民团向农军补回子弹损失并赔偿1500元，战事遂告结束。

支援金利农军

1926年11月，沙浦乡农民自卫军支援金利榄洲农民自卫军攻打金利一甲、二甲村民团。由于敌强我弱，激战中，金利农军13人被俘，后经省农工厅救援获释。这次战斗虽然失败，但使农民自卫军的革命斗志更加昂扬。

击退土匪进攻

1926年12月8日，高要县水南民团纠合广宁土匪三四百人进攻九坑乡农会。九坑农军百余人一边与土匪相持，一边派人到省农民协会西江办事处和县农会报告。县农会召集全县农军分四路进攻。9日，在高要县农会的支援下，九坑农军击退来敌。战斗中毙敌4人，伤敌20余人，缴获步枪10余支。

攻打苏坑民团

1927年1月4日，沙浦农民自卫军联合苏坑农民自卫军攻打苏坑地主张月池民团，毙敌2人，缴获步枪5支。3月6日，联合金利冯植南领导的农民自卫军攻打金利一甲、二甲地主民团。这次战斗由于敌强我弱，农民自卫军13人被俘，冯植南在战斗中牺牲。这次战斗虽然失败，但农民自卫军革命斗志更大。随后，第六、八区农军再次联合战斗，攻打金利民团，推翻了八区区长何显臣的统治，建立八区（金利区）农民协会组织。

举行广利暴动

1927年，春天寒气犹在，在沙浦农会总部，农会干部正围着桌子召开紧急会议，这时从肇庆方面传来一个令人震惊的消息：4月16日晚，西江农运的首脑机关——省农会西江办事处突遭国民党县长严博球武装包围，省农会西江办事处主任韦启瑞等好几位共产党干部不幸被捕。大家听到这个突如其来的坏消息，都不由得大吃一惊。冯三娣愤怒地说："这是反革命的大阴谋！这些反动派的狼心狗肺我们早就识穿了，周其鉴同志以前每次到沙浦，不都是经常跟我们说这班家伙很靠不住吗！意料不到事情就来得这么快！"冯三娣又说："这些反动派是绝不会甘心我们农民翻身的，前天从广州回来扫墓的一位工人弟兄也带来了一个消息，说蒋介石这个大坏蛋最近发动了四一二反革命政变，在上海、广州等地疯狂镇压工人运动，到处逮捕杀害共产党员，还阴谋布置在全国开展大屠杀活动。这些反动派真是岂有此理，革命岂是能杀得绝的？"这时，陈友再也按捺不住，一拳打在桌子上说："蒋介石、严博球，你不许我们革命，我们就不革命了？呸！老子跟你们拼啦！"正在沉思的陈进，冷静地说："全中国出了一个蒋介石，高要有个严博球。我看我们六区的区长梁印渠就是跟他们穿一条裤子的，我们要及时提防这些坏蛋的阴谋呀！"陈福昌说："对！我们要做好准备。他们胆敢来碰一下沙浦，我们就再一次打他个落花流水，让他们知道沙浦农军是不好惹的！"陈进站起来，严肃地说："我们应该立即动员全体农友，在全村再修几个炮台，筑一些堡垒工事，再设法搞一批枪支弹药回来，赶紧操练农军。除此之外，我们还应该马上同各乡农会联络好，准备随时互相支援，这样就不怕对付不了这些反动派"。会上，农会干部商量了对付反动派的各种准备工作。

紧急会议后，沙浦村的农友们在农会的领导下，迅速开展了备战工作。人人都咬牙切齿地说："反动派不许我们翻身，我们就和他们拼到底！"在备战中，全村一共修筑了六个坚固的炮台，在各处卡口要道上也筑了一批堡垒工事。早造交给地主的租谷全部交给农会，用来购置枪支弹药。农军每天都加紧作战操练，个个信心百倍，誓死捍卫革命。不久，沙浦、桃溪、苏坑、布基、水坑、院主、莲塘等各乡的农会都取得密切联络，约定加强联防，互相支援。

到了10月初，由沙浦农会派到广利圩以卖鱼为掩护，负责刺探敌情的农军陈兴寿（陈友的叔父）送来了情报：梁印渠近日频频召集土豪劣绅开秘密会议，密谋发动攻打六区各乡农会，前期他因手下民团人数不多，武器不足，因而迟迟未敢动手，最近准备勾结肇庆反革命力量，妄图镇压六区农民革命运动。

沙浦农会接到情报，马上告知各乡兄弟农会，召开秘密军事会议。这次会议做出决定：不能坐等敌人来打自己，应该争取主动，趁梁印渠兵力不足，马上组织一次由六区、七区农军联合攻打高要六区区署的军事行动。既可攻其不备，挫其锐气，还可夺取一批枪支弹药。倘能一举战胜，还可以占领广利，打通与领村、乐城一带以及与广宁、怀集农会的联系，以扩大革命势力，共同粉碎反革命的阴谋。

这次秘密军事行动，决定在10月12日凌晨进行，主要由沙浦、桃溪、苏坑、八庙的农军担任主攻力量，水坑、布基、莲塘、院主的农军则从北面包围，配合攻击。整个军事行动，大家公推沙浦农军大队长陈福昌担任总指挥。并让陈兴寿赶回广利继续摸清敌情，担任内应。

到了10月11日深夜，沙浦农军由陈福昌、陈进、陈友等率领，星夜秘密急行军到达桃溪，会齐了桃溪、苏坑、八庙的队伍。经过各乡农军指挥人员研究，决定把农军分作三路渡江出击：第一路由陈福昌率领，渡江到砚洲，从正面主攻六区区署；第二路由李王三、李伏、谢同剂等率领，从西面渡江到独阳亭，登岸直扑广利圩头；第三路由陈友、陈大桥、赵贵等率领，从东面渡江到广利猪仔圩尾，登岸与北面的队伍取得联络，然后直攻广利圩尾。这样，将近200人的队伍分乘几艘大艇按照计划出发。

清晨4时左右，陈福昌的队伍已经到达砚洲，在西江堤围边与六区区署隔江对峙，枪口正对区署大门，准备强攻渡江。李王

三、谢同剂的部队也分乘两艘大艇悄悄地直渡独阳亭。可是正在这十分紧张的时刻，却意外地碰着一艘行驶西江线的"大中国"电船，大艇想要隐蔽已经来不及，电船老板远远发现了艇上的农军，慌忙全速驶往广利区署报信。李王三、谢同剂见情况有变，马上下令全速前进，到广利以西的谭村附近登岸，跑步向广利圩头前进。

梁印渠从梦中被唤醒。他慌忙下令把全圩各处卡口上的闸门统统关闭，命令民团大队长何老八立即带队出击。他自己则连衣服鞋子也来不及穿好就带一队人冲出大门觅路躲避。可是，这时砚洲那边的枪声已经打响，区署大门口被猛烈的弹火封锁。梁印渠只好带着人马从后门狼狈逃出，直奔到全圩最高的宝源典押楼逃命。

陈友的部队差不多和陈福昌部队同时登岸，各路农军联合包围了广利，一时枪声密集。农军势如猛虎，齐声呐喊，直扑而来。但是狡猾的敌人这时已把各处闸门关闭，并且垒起了沙包，架起了铁丝网。农军几番冲锋都未能突破卡口。而院主、水坑、布基各路队伍又中途受阻，未能及时赶到。敌人用机枪扫射，战斗进入相持阶段，敌我双方都有一些伤亡。这时担任内应的陈兴寿突然从街市横巷中跃出，箭似的扑向闸门，正要用力撬开闸门时，遭敌人乱枪扫射，这位英勇无畏的农军战士不幸中弹牺牲。陈友看得清楚，悲愤填膺，气得咬牙切齿，厉声大喝："兄弟们，跟我冲呀！为兴寿叔报仇！"他一马当先冲上前去，几十个农军战士一齐冲到闸门，一时枪声大作。正在堡垒那边指挥的何老八见了，吓得双脚一软，一侧身便干脆躺在地上不动弹了。一班团丁也被农军的勇猛吓呆了，直到何老八在地上大骂："混蛋！还不开枪！"他们才又胡乱开枪扫射。陈友举着驳壳枪，一连击中几个敌人。他高喊道："弟兄们，快冲啊！把闸门打开！"正说着，一颗流弹斜飞过来，正打中他的胸膛，他晃了晃高大的身躯，倒在了地上。旁边一位农军战士赶来抢救，他坚强地挥手叫道："别理我，你们冲啊！"这位英勇的农军指挥员，为革命事业献出了宝贵生命！

艰苦的战斗进行了两个多小时，农军仍未能冲入街市。陈福昌、陈进等指挥员见情况起了变化，而战斗也已经取得了一定的收获，为了保持农军的实力，便不再强攻硬打，下令撤退。

下午1时左右，几艘大艇把农军安全送回桃溪。桃溪村的农民兄弟烧柴煮饭，热烈欢迎自己的子弟兵。攻打六区区署的战斗，虽然由于情况临时发生了变化，导致敌人有所准备，未能达到攻克区署消灭民团总部的预期，可是这次大规模的战斗行动，已经大大显示了农军的威力，扩大了革命影响，大大挫败了六区土豪劣绅的反动气焰，把敌人吓破了胆。农军围攻六区区署的战斗在农民运动中具有深远的历史意义。

第四节

敌强我弱　英雄喋血

六区各乡农军联合围攻六区区署，灭了反动武装民团的威风，革命形势进一步发展，使土豪劣绅大为震惊。六区区长梁印渠眼看自己的统治地位日益动摇，又急又恨，慌忙召开会议，勾结县城的反动武装，配合当时蒋介石在全国发动的四一二反革命大屠杀，开始镇压六区的农民运动。

1927年12月17日，梁印渠勾结高要县长严博球及肇庆反动守备军营长黄耀南，带领守备军及六区各乡民团共400多人，倾巢而出，开始对六区各乡农军展开血腥大屠杀。他们把屠刀首先指向桃溪、沙浦。

一、桃溪反"围剿"

其中一路肇庆反动守备军及六区各乡民团直扑桃溪村。桃溪的农军闻讯，马上英勇迎击，在村庄四周，展开了艰苦的战斗。可是，敌众我寡，弹缺无援，为了保存革命力量，桃溪农军领导人谢同剂和李王三只好下令突围转移。他俩率领桃溪农军，冒着敌人的炮火勇敢地冲出重围，向烂柯山撤退，爬过几重山头才在扒齿岭山顶休息。远远望去，只见家乡四处起火，山中还隐约传来阵阵哭喊声，残暴的敌人此时正在村内展开血腥屠杀。几十个农军弟兄，真是心如刀割，跳起身来要求打回老家去。谢同剂此时同样悲愤交加，但考虑到敌众我寡的严峻形势，连忙拦住大家说：“弟兄们！我们不能这样跟他们硬拼啊！我们要保存实力，待机反击！”好不容易才说服大家。农军经过一天的艰苦战斗，又没有进食，已经疲乏已极。这一晚，就在山溪树下露宿了一夜。

第二天，谢同剂领着大家找到山上的几户人家，吃了一些番薯充饥，可是山上人烟稀少，粮食也难以维持。大家决定等到天黑以后，悄悄下山急行军到苏坑附近，设法联络沙浦撤出的农军，然后再决策下一步行动。这一晚，冒着寒风细雨，夜行军到了苏坑后山，果然碰上了沙浦陈福昌率领的农军，大家正在交换情况时，突然遭到以张月池为首的苏坑地主民团的偷袭，在黑夜激战中，两支农军被冲散了，一部分战士在突围中失去联络。退到山上时，谢同剂和李王三查点人数，只剩下10多人。大家又饿又冷，疲乏到几乎走不动，有几个战士情绪有些低落，谢同剂和李王三鼓励大家说：“弟兄们！我们现在的确很困难啊！可是我们就怕困难吗？不！记得我们农军都宣过誓：为了农友的彻底翻身，誓要革命到底，永不动摇！现在正是考验我们的时候了，这血海深仇，要靠我们来报呀！”经过谢同剂等人的动员，农军们都愤怒地说：“对！一定要报仇呀！走，我们不怕困难！”

大家商量了一下行动计划，准备先找点粮食充饥，然后爬过烂柯山，到南边联络蚬岗一带的农会。农军战士谢华带想起附近的张家屋村有一户亲戚，或可找他支持一点粮食。大家就摸黑翻山越岭，找到这户人家。谁料这家主人张水娇心地极坏，见到农军假意热情招待，一边却派儿子偷偷下山向敌人告密，出卖农军，领取赏钱。

第二天清早，何老八带民团把农军所在的屋子层层包围。等农军发觉时已经冲不出去，谢同剂马上指挥大家堵住大门，从窗眼隙中射击敌人。李王三一轮枪打烂瓦面，跃身上了屋顶，打算掩护大家撤退。可是张水娇的儿子发现后，偷开一枪，打伤了李王三的大腿，李王三从屋顶跌了下来。农军也因子弹打尽，被破门冲入的敌人全部捆绑起来。

谢同剂看见张水娇，飞起一脚就要踢他，骂道："呸！原来你是个狗坏蛋。记着，农民兄弟是不会饶你的！"吓得这个走狗魂飞魄散，跌在地上。几个民团兵丁要押着农军下山，谢同剂喝道："滚开！我们自己会走！"十几个坚强不屈的农军傲视着敌人，一步一步走下山去。

敌人用枪逼迫全村农民出来看行刑。大家看见这10多个农军，都不由得沉痛地低下头去，有的偷偷地哭起来。

谢同剂昂首阔步地走到大家面前，用响亮的声音坚定地说："乡亲们，别伤心，记住这个深仇大恨，替我们报仇吧！"李王三跛着腿，扶着一位弟兄，艰难地走着，他一眼看见何正甫等一班地主豪绅，就鄙视地厉声说："你们高兴了，要吃我的肉吗？吃吧！怕死的就不干革命！你们别高兴得太早，你们的日子不长了，农民兄弟要跟你们算账的！"

走到刑场上，谢同剂对刽子手冷笑一声，喝道："把我打到最后一个！我要看看你们这班恶狗怎样的卑鄙残酷！"临刑的时候，这10多个英勇的农军都面不改色，为了革命事业，他们坚贞不屈、视死如归地英勇就义。谢同剂领着大家高呼："打倒地主阶级！打倒土豪劣绅！打倒军阀走狗！工农团结万岁！中国共产党万岁！"洪亮的口号声，响彻云霄，山河为之回响，大地为之动容，他们为了农民翻身解放，献出了宝贵的生命。

二、沙浦反"围剿"

同日清晨，另一路肇庆反动守备军及六区各乡民团从东股村村东的锁岗庙登岸直扑沙浦农民自卫军驻地，当敌人快登岸时，被农军哨兵李佑发觉，立即奔回报信并鸣枪示警。不幸的是，李佑被敌人开枪击中，光荣牺牲。枪声一响，农民自卫军知道被包围，其时从山上撤回沙浦的陈进、冯三娣等立即率领农军奋起抵抗。战斗激烈地打响了，农民自卫军从多个炮台的堡垒中向敌人射击。在敌众我寡、弹药不足的情况下，为了保存革命力量，陈进、冯三娣、陈福昌决定突围，分散转移。敌人进村以后，大肆焚烧劫掠，屠杀农军和农会会员，共烧毁房屋120多间，杀害来不及撤退的农会会员20多人，悬红缉拿共产党员、农军、农会干部，到处搜捕。冯三娣在三水被捕，被押到沙浦黄布沙尾枪杀。13岁的农军义务通讯员、小学生谢亚三，于12月19日被反动民团强迫带路上山"清剿"农军，他故意带着敌人走错路掩护农军，敌人发现后将其枪杀。

　　沙浦人民的优秀儿子、沙浦农会主席陈进，在撤退到典水之后，被当地土匪告密，不幸被捕。敌人把陈进带回沙浦渡口。临刑的时候，陈进面不改色，宁死不屈，表现了坚贞的革命气概。梁印渠嘶哑着声音发疯地狂叫着："我要割掉你的脚筋！我要用火活活把你烧死！看你有多大的胆量，胆敢造反！""呸！干革命就不怕死，怕死的就不算好汉！"陈进向梁印渠唾了一把口水，厉声喝道。敌人恼羞成怒，残酷地用刀子割断陈进的脚筋，用烈火烧坏了他的脸面，企图迫使他屈服，可是在英雄面前，敌人的一切酷刑都是枉然的。陈进咬紧牙关，怒视着敌人，哼也不哼一声，被捆绑在一株苍劲苗壮的大秋枫树下的革命志士的身躯显得更加高大，而在他面前喧闹叫嚣的敌人却变得更加渺小了！敌人又说："你可以走，但只准游到西江对岸，不准沿岸上走。"反动派以为他脚筋已断，又被烧伤，无力游过河。陈进忍着剧痛，竭尽全力希望游过河去。不料游到一半，反动派开枪扫射，陈进身上多处中弹，壮烈牺牲，牺牲时52岁。陈进参加革命时间虽然不长，但他可歌可泣的英雄事迹永远被人们传颂。

在沙浦农民运动中，前后共有陈进、冯三娣、陈友等54位英雄喋血西江。轰轰烈烈的农民运动虽然失败了，但农民运动从根本上打击了地主劣绅的嚣张气焰，革命者的血与火唤醒了更多农民的灵魂，为中国的革命胜利奠定了坚实的基础。同时，也使人们深深地认识到，中国的革命一定要走与工农结合的道路，只有无产阶级团结起来，才能战胜任何艰难险阻，取得革命的胜利。

沙浦的农民运动，自1927年蒋介石发动四一二反革命政变后，暂时处于低潮，可是革命烈士的鲜血没有白流，星星之火，可以燎原，革命的火种更加广泛深入地播种在农民的心里。

第五节 中共高要县委建立及活动

在国民党的反共大屠杀中，中共高要县党组织和革命团体遭到严重破坏。此后，广东省委帮助高要重建党组织。

1927年11月18日，根据省委决定，秘密成立中共高要县委员会。至1928年6月，县委共有16个党支部。是时，鼎湖属高要县，第六区设有沙浦支部、丙田支部；第七区设有莲塘支部、大埔支部、富廊支部和七区警卫队支部。截至1928年5月20日，高要县共有党员102人，其中第六区4人，第七区39人。

中共高要县委员会自成立以来，因国民党反动派的残酷镇压，多次遭受破坏，造成内部混乱，1年多里，先后进行了3次改组调整。

1928年6月18日，中共高要县委按照广东省委5月26日发出的《关于党组织工作问题给高要县委的指示》，对高要县委进行第一次改组调整。会议决定县委机关设在肇庆，隶属中共广东省委员会，县委成员由周桓、唐公强、谢桂荣、孔繁强、李振辉、孔云清、李运全、李焯珍、谢敬、谢三苟、陈挺组成。周桓（后唐公强）任县委书记；县委常委由周桓、唐公强、谢桂荣、孔繁强、李振辉、孔云清、李运全（省委派来）组成；委员有李焯珍、谢敬、谢三苟、陈挺。县委设职工运动委员会、兵士运动委员会、组织科，还没有秘书、县委巡视员。其中，职工运动委员会主任由李振辉、彭展丹、李焯珍担任；兵士运动委员会主任为孔云清、陈启熙、陈星；县委秘书由陈星兼任；组织科科长为梁玉英；县委巡视员为谢桂荣、陈启熙、李焯珍。同时，中共高要县委还决定改组第七区莲塘、大布、富廊和区警卫队支部，并组建古遗支部，建立第七区委；恢复第六区沙浦、丙田支部，暂与第七区委直接联系。

8月，根据省委指示精神，高要县委进行第二次改组调整。由西江巡视员卢济指定改组后的县委组成人员，下辖第四区、第七区两个临时委员会，共9个党支部，党员95人。机关没在肇庆，仍隶属中共广东省委员会。改组后，县委书记由李添担任，县委委员有谢桂荣、李焯珍、孔云清、谢敬、李运全等；孔云清、谢敬分别兼任第四区（新桥）和第七区临时区委书记。县委设职工运动委员会，省委指定李运全任职工运动委员会书记。

11月，由于县委机关遭到破坏，县委书记李添被捕。根据省委指示，高要县委开展第三次改组调整。调整后，中共广东省委候补常委、西江巡视员卢济兼任高要县委书记，主持县委工作。1928年11月至1929年1月，隶属中共西江特别委员会。

1928年11月，中共广东省委召开第二次扩大会议，做出《关于党的组织问题的决议案》，决定设立中共西江特别委员会，以肇庆、三水为中心。肇庆工作由特委直接指挥，成立与高要县委相平行的县级组织机构——中共肇庆县委员会，机关设在肇庆，隶属中共西江特别委员会。县委书记由省委候补委员、中共西江特委委员谢桂荣担任，下辖第四区（今新桥）、第七区（今鼎湖区永安）两个临时区委，区委书记均由巡视员卢济兼任。

1929年1月底，中共肇庆县委与高要县委合并，成立中共高要县委员会，谢桂荣为书记。3月，中共广东省委决定撤销中共高要县委，把第四区、第七区党组织合并为中共高要县特别支部，与广东省委直接联系。1931年1月后，中共高要县第四区、第七区特别支部基本停止组织活动。共产党员大多数根据自己的社会关系，分头易地疏散隐蔽。武装队伍也化整为零，保存力量，待机再战。

大革命时期主要革命人物

　　第一、二次国内革命战争时期，在中国共产党的领导下，广东省农会西江办事处派出共产党员韦启瑞、周其鉴、谢大德、周铁琴等人到鼎湖开展革命宣传，协助组织农会，以沙浦农会为核心力量的农民运动在原高要第六、七区蓬勃兴起。各乡农民在农会领导下，与地主阶级和反动民团展开针锋相对的斗争，先后进行了攻打各乡反动民团、围攻高要六区区署的战斗，迫使地主签订了"实行四六减租；取消苛捐杂税和虐待农民的行为；农民自卫军的一切行动不准地主民团干涉"的三项条约，取得了斗争的初步胜利。1927年4月12日，蒋介石叛变革命以后，国民党反动派勾结反动地主民团对各乡农军进行"围剿"，展开了惨绝人寰的大屠杀，使如火如荼的农民运动暂时陷于低潮。在农民运动中，涌现出了60多位为革命不惜抛头颅洒热血的革命烈士和革命人物。

　　谢敬持　男，1895年出生于莲花镇六桥村。1923年参加农会，中共党员。

　　1926年4月27日，高要农会成立不久，谢敬持任高要县农会副委员长，同时兼任省农会西江办事处工作人员。

　　1926年10月初，为了扩大农会和农

军的影响，谢敬持受省农会西江办事处和高要县农会的委派，在广利圩主持召开第六区（今沙浦、广利）、第七区（今永安、莲花）农会会员大会，参加大会的有1万多人。他在大会上号召农民团结起来，为减租减息、取消苛捐杂税、消灭封建势力而斗争。会后举行1万多人的示威大游行。这次集会和示威游行，充分显示了农民团结的力量，大大地长了农民的志气，灭了反动势力的威风。

1927年4月16日，高要县反动当局对各乡农会进行"清党大屠杀"，派出军警包围正在阅江楼参加紧急会议的农会领导人，谢敬持等30多名农会领导人遭逮捕，谢敬持被敌人枪杀后抛下西江，壮烈牺牲，牺牲时32岁。

陈友 又名陈晚友，陈老虎友，男，1900年出生于沙浦镇沙二村。他出身于贫苦家庭，青少年时期以卖鱼为生。1926年3月9日，沙浦乡农民协会和农民自卫军（下称"农会"和"农军"）组建，陈友当选为农军副队长。农军成立之后，陈友曾多次参加攻打地主民团的战斗。1926年8月14日，为了打击地主恶霸和国民党第六区区长梁印渠的嚣张气焰，陈友与农会主席陈进、农军队长陈福昌一起，联合苏坑桃溪等农军共100多人，攻打梁印渠领导的地主民团，经过两个小时的战斗，打死打伤敌人各1名，缴枪1支，取得了第一次战斗的胜利。9月10日，陈友率领沙浦、桃溪等农军联合桃溪农军攻打桃溪村何伯行领导的地主民团，并拘捕了反动奸细何宝盘，后将其押解到肇庆惩办，迫使恶霸地主签订了三项条约。1927年1月，陈友等率领沙浦农军联合苏坑农军攻打苏坑村张月池领导的地主民团，打死敌人两名，缴获步枪5支。3月6日，陈友等率领沙浦农军联合金利镇冯植南领导的农军攻打金利一甲、二甲村的地主民团，这次战斗受挫。

1927年4月12日，蒋介石叛变革命，国民党高要县县长严博球勾结反动军队配合国民党的大屠杀，逮捕和屠杀农会领导和农军，疯狂破坏省农会西江办事处和高要县农会组织。陈友听到消息后，愤怒地一拳打在桌子上，说："蒋介石、严博球，你们不许我们闹革命吗？呸，老子跟你们拼了。"为了对付反动派的阴谋，陈友与陈进、陈福昌等人积极进行做战准备，加紧农军训练，并与各乡农会和农军加强联系。

在湖南"秋收起义"的影响下，1927年10月12日，沙浦农军联合水坑、布基、八庙、院主、桃溪等村的农军共300多人，分三路进军攻打高要县国民党第六区区署，举行"广利暴动"，建立革命政权。陈友带领的第二路农军已从广利圩的猪仔圩尾顺利登陆，直冲到区署附近，但由于第六区区长梁印渠得到大中国电船报信，封锁了各街闸门，并架枪顽抗，使农军无法前进。当他看见内应的陈兴寿开闸门时中弹倒下，便振臂高呼："兄弟们，跟我冲呀，为兴寿叔报仇！"他举起驳壳枪一连几发，击毙数个敌人。正当他继续高喊"弟兄们，快冲呀！把闸门打开！"时，一颗流弹不幸击中了他，身边的农军战士连忙过来抢救，他却说："别理我，你们冲呀！"在这场战斗中，陈友为革命流尽了最后一滴血，牺牲时27岁。1957年，高要县人民委员会追认他为革命烈士。

陈进 又名陈启星，男，1875年出生于沙浦镇沙四村，他出身于贫苦家庭，少年时期在乡耕田，替地主看管鱼塘，过着饥寒交迫的生活。

1926年初，广东省农会西江办事处在肇庆宣告成立，推动

了西江地区农民运动的蓬勃发展。特别是叶挺独立团的支持，促进了当地农民运动的迅猛发展。这时，中共两广（广东）区委、农委委员兼省农会西江办事处主任周其鉴派韦启瑞、谢大德到沙浦开展革命宣传工作。韦启瑞、谢大德揭发恶霸、地主压迫剥削农民的种种罪行，号召农民踊跃参加农会，开展减租斗争。陈进积极响应号召，首先加入农会，并于3月当选为高要县沙浦乡农会主席。他带领农民积极开展减租和反对苛捐杂税的斗争，推动了邻近的桃溪、典水、砚洲等乡农会的相继成立，使得以沙浦乡农会为主力的农民运动蓬勃开展。

　　1926年8月9日，陈进受沙浦等地农会的委派，到广州向广东省农工厅请示，要求武装惩办反动民团，以保障农民人身安全，促进农民运动发展。获得同意后，陈进于8月12日赶回沙浦，联合苏坑等地农军100多人，于8月14日攻打沙浦梁印渠地主民团，毙、伤敌人各1名，缴获枪支1支。9月10日，陈进参与率领沙浦、桃溪等地农军再次攻打以何老八为首的地主民团，并枪杀血债累累、民愤极大的民团团长何社养和地保何伯行，逮捕奸细何宝盘，后将其押到省农会西江办事处惩处。农军把地主民团的嚣张气焰打下去后，为了扩大革命成果，10月初，陈进按照省农会西江办事处和高要县农会的指示，率领沙浦等地农民1200多人到广利圩集会，召开农会会员大会，并举行反帝反封建示威游行，强烈要求减租，取消苛捐杂税。反动地主、土豪劣绅慑于农民运动的声势，被迫同意农民的要求。此后，加入农会的农民日益增加，一些农会会员还纷纷捐钱，支持农会，农会得到扩大、巩固。

1927年1月4日，陈进等率领沙浦农军联合苏坑农军攻打以张月池为头目的地主民团，双方发生激战，打死民团2人，缴枪5支。当时高要金利的土豪劣绅招兵买马，扩大民团，攻打当地的农会和农军。3月6日，陈进等带领沙浦农军联合金利农军攻打金利地主民团，激战5小时，当时敌众我寡，战斗中金利有13个农军战士被俘，陈进一方面向省农工厅求援，另一方面与附近区乡农军联系，派大批农军前往金利增援，迫使地主民团释放了13个被俘农军。

1927年4月12日，蒋介石叛变革命，地主民团向农军疯狂反扑，杀害农会、农军骨干，封闭农会。陈进被迫转为秘密活动。同年秋，在湖南"秋收起义"的影响下，10月12日，陈进等率领沙浦农军，联合苏坑、桃溪、水坑等农军攻打第六区区署（今广利街道办事处）。由于消息泄露，地主民团有所防备，农军无法攻入敌据点。陈进只好带领农军撤退，积蓄力量，等待时机，继续与地主阶级斗争。

1927年12月17日，为了消灭农军，镇压农民运动，第六区区长梁印渠勾结高要县县长严博球，派肇庆守备军营长黄耀南带领400多人"围剿"桃溪、沙浦等农军，陈进等农会领导率领农军奋起抗击（史称"沙浦反'围剿'"）。鉴于敌众我寡，陈进当机立断，率领农军撤退上山，开展游击战争。在安排其他同志转移后，为解决农军粮食，他亲自下山筹粮，在典水被反动派逮捕。

反动派为了获得农军的情况，残酷地折磨陈进，在严刑拷打无果后，反动派把陈进推到沙浦渡头西江边，先用刀割断他的脚筋，接着又往他的身上洒煤油焚烧，但陈进坚贞不屈，誓死也不透露半点农军信息。反动派把陈进打残烧伤后，对他说："你可以走，但只准游到西江对岸，不准沿岸上走。"反动派以为他脚筋已断，又被烧伤，无力游过河。陈进忍着剧痛，竭尽全力希望游过河去。不料游到一半，反动派开枪扫射，陈进身上多处中弹，壮烈牺牲，牺牲时52岁。陈进参加革命时间虽然不长，但他可歌可泣的英雄事迹永远被人们传颂。他为贫苦大众翻身解放而英勇斗争的革命精神和坚贞不屈的英雄气概，将永垂史册。1957年，高要县人民委员会追认他为革命烈士。

陈益之 男，1884年出生于沙浦镇沙二村。陈益之有13个兄弟，他最小，从小失去父母，依靠胞兄陈阜祥教养。12岁随兄在龙安渡当派信员。成年后，从兄命成家立室，育有四子一女。32岁退出龙安渡，与友人合伙，同样经营航运，航行于四会、佛山、西南线，船名"和利渡"。1924年，世道不太平，盗贼四起，"和利渡"航行至四会桃野口附近，被下莲塘的土匪洗劫一空，九哥也被杀害。遭此打击，陈益之对航运事业失去信心，深感时世不宁，盗贼横行，航运难以维持下去。是时，正值西江各地农民运动蓬勃兴起，陈益之在四会航运中，结识了国民党中央农民部特派员周其鉴和周铁琴两位农民领袖，懂得了一些革命道理，于是萌发了革命思想。

1925年，陈益之结束航运，与周其鉴和周铁琴一道在沙浦开展农民运动，联络地点设在他的住处"小竺居"内。周其鉴和周铁琴经常到"小竺居"开会，研究农民运动，发展骨干。在他们的宣传与带动下，沙浦农民迅速组织起来，并参加农会组织。1926年，沙浦农民协会正式成立，陈益之任执行委员。农民协会接管乡政大权，陈益之和其他委员一起，为提高农民思想觉悟，经常举行集会游行，宣传革命思想。沙浦农民运动有力地打击了当地的封建势力，并很快扩展到西江各地。

1926年夏，为提高农民的文化水平，农会开办"沙浦农民协会子弟学校"，陈益之任名誉校长，筹集办学经费，对农民子弟免收学费、杂费，还发给书本和校服，鼓励学生读书，改变农民孩子无书读的境况。陈益之在家乡办农会，在周其鉴、周铁琴的领导下取得一定成绩，曾多次出席县农民协会会议。1927年参加广州农民运动讲习所的学习。

1927年冬，沙浦官绅打着"清乡""剿匪"的旗号，带领100多人的反动军队进村，大肆捕杀农会成员，焚烧房屋，掠夺财物。农民新村被烧成平地，陈益之的3间房屋（包括"小竺居"）被烧毁，家里的财产也全部被没收，其家属还被强迫偿还所谓的"赔款"。其妻被迫拖儿带女逃往四会避难。

国民党军队"清乡"前，农会领导为避风头，保存力量，分散地离开沙浦。陈益之曾经到广宁寻找党组织未果，而反动派缉拿的风声甚紧，他只好只身逃往吉隆坡，寄居胞兄十一哥处。由于人地生疏，找工作困难，加上思念亲人，顾虑重重，陈益之最终积劳成疾。1930年春，陈益之带病冒险回到四会，与家人团聚。仅仅几个月，就因病逝世，年仅46岁。

谢同剂　男，1887年出生于沙浦镇桃溪村。在西江和高要农民运动浪潮的影响下，1926年4月7日晚，谢同剂等37个农民举行集体宣誓："为改变农民厄运，解除封建压迫，同心同德，打倒地主土豪劣绅，斗争到底，倘有动摇叛变，刀枪而亡。"接着秘密组织桃溪乡农会，谢同剂被选为农会执行委员长，李伏为副执行委员长，李王三为农军队长。

1926年10月，谢同剂、李伏、李王三等人组织农会会员参加省农会西江办事处和高要县农会在广利圩召开的第六区、七区各乡农会会员大会，会后进行大游行。同年谢同剂与谢华带参加了西江地区第六届农民代表大会，会后根据大会精神向地主提出减租减息，并主张把地主民团的枪械上缴给农军，但遭到混入农会领导机构的地主走狗何宝盘的反对。谢同剂发动会员与地主阶级展开斗争，一方面要地主补偿停了三个月的军饷，另一方面发动农民抗交租谷，改向农会交租。当年早造收租谷25万多公斤，除用作农会活动经费外，余下资金给农军购买枪支。

为了消灭抗缴枪支的地主民团，1926年9月，谢同剂等人领导桃溪村农军，与沙浦农军联合攻打大地主、恶霸何正甫的民团团部，夺得步抢20支，并迫使何正甫订立三项条约。事后，何正甫不甘心失败，企图进行反扑。11月14日晚，谢同剂等率桃溪农军，再次联合沙浦农军，武装包围桃溪村的大地主，拘捕地主、劣绅多人，并把当时民愤最大的何社养和劣绅何伯行就地枪决，同时撤销何宝盘农会执行委员的职务。

1927年10月12日，谢同剂、李伏、李王三领导桃溪村农军参加攻打第六区区署的战斗，谢同剂和李王三负责率领第二路农军从独阳亭渡江进攻设在广利圩的第六区区署。战斗失败后，第六区区长梁印渠勾结高要县县长严博球，大肆镇压第六区农民运动。1927年12月17日，国民党驻肇庆守备军营长黄耀南带领军队和民团400多人，兵分两路袭击桃溪、沙浦等农军。谢同剂和李王三等率领农军与敌人展开顽强战斗（史称"桃溪反'围剿'"），在敌众我寡的情况下，为保存实力，农军只好突围撤退。他二人带领农军冲出重围后撤退到烂柯山上，残暴的敌人进村后对农军家属及村民展开血腥大屠杀，把40多个农军家属捆绑到祠堂，威胁要交出"农匪"赎命，并把他们的粮财掠夺一空。为了解决吃饭问题，谢同剂带领农军悄悄下山，在苏坑村附近联络上由沙浦村陈福昌带领撤退下来的部分农军战士，不幸遭到苏坑村地主民团的包围，谢同剂和李王三最后只带领10多名农军冲出重围。他们翻山越岭找到了一个农军战士的亲戚张水娇，请求他支持一点粮食，岂料张水娇派儿子偷偷下山向敌人告密。12月19日，农军战士被地主民团团长何老八包围，谢同剂指挥农军展开枪战，最后子弹打尽，10多名农军被敌人逮捕。12月21日，敌人把10多名农军战士押到桃溪村边白沙营枪杀，并用枪威胁全村村民观看行刑。谢同剂昂首阔步地走到大家面前，响亮又坚定地说："乡亲们，别伤心，记住这个深仇大恨，替我们报仇吧！"

谢同剂就义前视死如归，带领10多名农军战士高呼口号："打倒地主阶级！打倒土豪劣绅！打倒军阀走狗！工农团结万岁！中国共产党万岁！"对敌人唾骂不绝，表现出革命者的英雄气概，牺牲时40岁。1957年，高要县人民委员会追认他为革命烈士。

李王三　男，1891年出生于沙浦镇桃溪村。1926年4月7日晚，李王三与谢同剂等37个贫苦农民集体宣誓，表示决心推翻封建剥削制度。接着秘密组织农会，李王三被选为桃溪乡农军队长。1926年10月，李王三与谢同剂等人带领本乡农会会员参加在广利圩举行的六区、七区各乡农会会员大会，会后进行大游行。为了贯彻西江地区第六届农民代表大会的精神，李王三与谢同剂等人带领农军攻打地主恶霸何正甫的民团团部，迫使何正甫签订三项条约。1926年10月中旬，他带领民团武装包围了桃溪乡的大地主，并就地枪决了罪大恶极的地主恶霸何社养和劣绅何伯行。1927年10月12日，李王三与谢同剂等人率领桃溪乡农军参加攻打六区区署的战斗，战斗失败后组织农军撤退。1927年12月17日，国民党驻肇庆守备军营长黄耀南带兵前往桃溪村"围剿"农军，李王三等人率领农军奋起抵抗，在敌众我寡的形势下，突围撤退到烂柯山。18日，他们在苏坑村附近又遭到地主民团的围捕，李王三等人只带着10多名农军冲出重围。他们翻山越岭到了一个农军的亲戚张水娇家，希望找点粮食充饥，不料被张水娇出卖。李王三为掩护农军突围，被张水娇的儿子打伤大腿。最后，李王三、谢同剂和10多名农军战士被捕，并在桃溪村边的白沙营惨遭杀害。李王三牺牲时36岁。1957年，高要县人民委员会追认他为革命烈士。

黎保 又名黎耀荣，男，1901年出生于广利街道砚洲村。黎保青年时期因生活所迫，曾外出打工，1920年又回家耕田，后再次到佛山一间炭铺打工，与吴勤（佛山塘防乡农民协会主席）相识。吴勤以革命道理教育他，并介绍他加入中国共产党。1924年，黎保到佛山塘防乡学习组织农会和农军，并参加广州农民运动讲习所的学习培训。

1926年7月，黎保回到家乡组织成立了砚洲乡农会和农军，他担任农会主席和农军队长，带领农民同恶霸地主陈本七斗争，要求减租减息，并与高要县农会干部一起到院主、布基等村进行革命宣传，发动农民组织农会。

1927年10月12日，黎保带领砚洲乡农军配合沙浦、桃溪等农军攻打第六区区署。失败后，各乡地主民团疯狂反扑，黎保被捕。敌人审讯他还有谁是共产党员，他说："只有我一个。"在押期间，母亲从家里拿了一件棉衣给他，他说："您不用挂念我，您把棉衣拿回去吧，用心抚养我的小孩就可以了"。

1928年1月，黎保被敌人杀害于肇庆梅庵，就义前高呼："共产党万岁！农民团结万岁！"牺牲时26岁。

陈殿邦 男，1902年3月出生于莲花镇布基村，后全家定居于肇庆东社乡塔脚社区（现属端州区）。

陈殿邦自幼接受进步思想教育，追求

进步。青年时期正是五四运动期间，他进入设在肇庆的广东省立第四师范学校读书，参加学生运动，组织肇庆学生联合会。1921年，他在省立肇庆中学和省立广肇罗甲种农业学校组织"马克思主义研究社"，两校的进步学生认真阅读李大钊的有关文章，并以《新青年》为该社的主要研究读物，认真学习和研究马克思主义。研究社是当时西江地区最早的马克思主义研究社团，陈殿邦和董吉裳、刘敬禹、黄求实（黄菊圃）、梁浩年（梁仔）、慕容栋等成为该社团重要成员。

1922年，陈殿邦、慕容栋在肇庆文庙开办一所平民夜校，演讲马克思主义，宣传无产阶级革命思想，被一些守旧顽固派视为"赤色恐怖"。大革命失败后，平民夜校被迫解散。

1922年，广东社会主义青年团肇庆分团成立，隶属广东省社会主义青年团执行委员会，是全国最早建立的17个地方团组织之一，陈殿邦为负责人。分团成立后，加强对马克思主义的宣传和研究活动，积极开展青年学生运动和工农运动。后来，陈殿邦在肇庆师范学校成立"晨曦社"，进一步宣传、学习马列主义。同年，陈殿邦考入国立广东省高等师范学校博物系就读，就读期间加入了中国共产党，是高要县最早的共产党员之一。

1926年，陈殿邦从广东省高等师范学校毕业，任教于广州广雅中学（即原"广州省立第一中学"），以教师身份做掩护开展革命活动。其间，陈殿邦受中共广东区委派遣，以国民党中央农民部特派员、高要县党部筹备员身份回高要县开展农民运动，使高要县农民运动从自发组织转向在中国共产党的领导下进行。

广州起义失败后，陈殿邦转移到罗定、广西任教。1929年8月，中共组织又派他回肇庆镇任高要县立中学校长，他以校长身份做掩护，积极从事党的地下工作。当时他已是西江党组织的领导人之一。

1929年9月下旬的一天，陈殿邦与有关人员召开秘密会议，被反动学生团体棒喝团分子告密，反动军警前来搜捕，陈殿邦马上安排与会人员到端州宝月台莲藕塘躲避，自己却大义凛然地挺身而出，毫不畏惧地站在校门口说："我就是陈殿邦。"被捕后，敌人连夜用专船把他押到广州。其间，亲属曾设法到监狱探望，他安慰亲人说："没事的，很快就会没事了。"其兄陈殿衡（大革命前旅居美国芝加哥，后加入华人工会组织，曾任工会主席）获悉消息后，立即从美国回来，全力以赴进行营救。可惜的是，经过各方营救都没有成功。1929年10月25日，陈殿邦被国民党反动派押赴红花岗枪杀，牺牲时27岁。

新中国成立后，谭天度（曾任广东省西江行政督察专员公署专员）专门召集陈殿邦的亲属及遗孤召开了一次座谈会，缅怀陈殿邦的一生，并写下证明书，确认陈殿邦为共产党员，忠诚的革命战士。1957年7月18日，中华人民共和国中央人民政府给陈殿邦家属颁发"革命牺牲人员家属光荣纪念证"。

谢桂荣　男，1901年2月出生于莲花镇莲塘村。1923年在广州参加革命，并加入中国共产党，曾参加黄埔军官学校第四期学习，毕业后被党组织派往粤西片担任农讲所教员，并在高要县第七区（永安一带）、第六区（沙浦一带）开展农民运动，发展农会组织。

1928年6月18日，中共高要县委根据中共广东省委决定，进行第一次改组调整，谢桂荣被任命为县委常委。1928年8月，根据中共广东省委决定，中共高要县委进行第二次改组调整，谢桂荣被任命为县委委员（当时没有设置常委职务）。1928年11月至1929年2月，省委决定成立中共高要县委员会，隶属中共西江特别委员会领导，谢桂荣被任命为县委书记、中共广东省委候补委员。谢桂荣在国民党"清党"镇压工农武装时被捕遇害，他为革命事业献出了宝贵的生命。1957年12月，中华人民共和国中央人民政府给谢桂荣家属颁发"革命牺牲人员家属光荣纪念证"。沙浦革命烈士纪念碑刻上了他的名字，他的革命事迹永垂千古。

张木仁 男，1901年出生于凤凰镇白石坑村。1926年参加农会，任广利镇水坑乡农会副主席。1926年10月被捕后在肇庆被害，牺牲时25岁。1957年，高要县人民委员会追认他为革命烈士。

陈兴寿 男，1899年出生于沙浦镇沙二村。1926年参加农军，曾参加攻打沙浦、苏坑地主民团的战斗，1927年10月12日在参加攻打第六区区署的战斗时当内应。由于消息泄露，敌人预先把各街口的铁闸门都锁上了，农军无法冲入，在此紧急关头，陈兴寿勇敢地去开铁闸门，不幸中弹牺牲，牺牲时28岁。1957年，高要县人民委员会追认他为革命烈士。

卫七 男，1895年出生于沙浦镇桃溪村。1926年4月7日，桃溪37位农民在卫七家里宣誓，成立桃溪乡农会和组建农军。他曾多次参加攻打地主民团的战斗。1927年10月12日在战斗中不幸牺牲，牺牲时32岁。1957年，高要县人民委员会追认他为革命烈士。

赵贵 男，1899年出生于沙浦镇苏二杨梅村。1926年参加农军，曾参加攻打苏坑、金利地主民团的战斗。1927年10月12日，在战斗中不幸牺牲，牺牲时28岁。1957年，高要县人民委员会追认他为革命烈士。

李计添 男，1890年出生于沙浦镇桃溪村。1926年参加农军，曾参加攻打地主民团的战斗。1927年10月12日，在参加攻打第六区区署的战斗中，冒着枪林弹雨勇敢地锯开广利街口铁闸门，遭敌人逮捕，后受尽残酷折磨，被敌人剖腹残杀，牺牲时37岁。1957年，高要县人民委员会追认他为革命烈士。

黎子泉 男，1882年出生于广利街道塘口赤顶村，广州工会会员。1926年参加农会，1927年10月在广州被捕，后被敌人杀害于肇庆，牺牲时45岁。

邓庇兴 男，1901年出生于沙浦镇桃溪村，在广州参加革命，任广州十三行工人纠察队总队长。1927年11月在广州东较场被敌人杀害，牺牲时26岁。

谢华带 男，1903年出生于沙浦镇桃溪村。1926年参加农会，任农会委员。1926年5月，代表桃溪乡农会出席西江地区第六届农民代表大会。他曾参加攻打地主民团和第六区区署的战斗。1927年12月17日，国民党驻肇庆守备军营长黄耀南带领军队和民团400多人，兵分两路围攻沙浦和桃溪，桃溪农军奋起反击，在村庄四周展开艰苦的抗击战（史称"桃溪反'围剿'"）。由于敌众我寡，农军突围撤退到桃溪山、烂柯山一带，在缺粮的情况下，摸黑翻山越岭找到山村中的一户人家寻求支持，后被户主出卖，因而被捕。1927年12月，在桃溪村边白沙营被敌人杀害，牺牲时24岁。1957年，高要县人民委员会追认他为革命烈士。

谢亚三 男，1914年出生于沙浦镇桃溪村。1926年参加农军，负责通讯工作。1927年12月17日，在"桃溪反'围剿'"战斗中失利，被迫突围撤到桃溪山、烂柯山一带，地主民团强迫谢亚三带路上山"清剿"农军，谢亚三故意把敌人引向偏离农军的一条路，使农军赢得撤退时间。敌人恼羞成怒把他枪杀，牺牲时年仅13岁。1957年，高要县人民委员会追认他为革命烈士。

谢全 男，1872年出生于沙浦镇桃溪村。1926年参加农军，负责农军勤务工作。1927年12月17日，参加"桃溪反'围剿'"战斗，突围后隐蔽在牛栏屋，因敌人放火烧屋而被捕。敌人把他押往村边木棉树下枪杀，牺牲时55岁。1957年，高要县人民委员会追认他为革命烈士。

朱剂　又名朱计剂，男，1882年出生于沙浦镇桃溪村。1926年参加农军，曾参加攻打地主民团的战斗。1927年12月17日，参加"桃溪反'围剿'"战斗，突围撤退后因被人出卖，在桃溪山被捕。1927年12月在桃溪村边白沙营被敌人杀害，牺牲时45岁。1957年，高要县人民委员会追认他为革命烈士。

苏计元　男，1881年出生于沙浦镇桃溪村。1926年参加农军，曾参加攻打地主民团和六区区署的战斗。1927年12月17日，参加"桃溪反'围剿'"战斗，突围撤退后因被人出卖，在桃溪山被捕。1927年12月，在桃溪村边白沙营被敌人杀害，牺牲时46岁。1957年，高要县人民委员会追认他为革命烈士。

龙锦胜　又名龙锦坤，男，1895年出生于沙浦镇桃溪村。1926年参加农军，曾参加攻打地主民团和第六区区署的战斗。1927年12月17日，参加"桃溪反'围剿'"战斗，突围撤退后因被人出卖，在桃溪山被捕。1927年12月，在桃溪村边白沙营被敌人杀害，牺牲时32岁。1957年，高要县人民委员会追认他为革命烈士。

邓金旺　男，1907年出生于沙浦镇桃溪村。1926年参加农军，曾参加攻打地主民团的战斗。1927年12月17日，参加"桃溪反'围剿'"战斗，突围撤退后因被人出卖，在桃溪山被捕。1927年12月，在桃溪村边白沙营被敌人杀害，牺牲时20岁。1957年，高要县人民委员会追认他为革命烈士。

龙亚矢　男，1901年出生于沙浦镇桃溪村。1926年参加农军，曾参加攻打地主民团和第六区区署的战斗。1927年12月17日，参加"桃溪反'围剿'"战斗，突围撤退后因被人出卖，在桃溪山被捕。1927年12月，在桃溪村边白沙营被敌人杀害，牺牲时26岁。1957年，高要县人民委员会追认他为革命烈士。

苏五 男，1902年出生于沙浦镇桃溪村。1926年参加农军，曾参加攻打第六区区署的战斗。1927年12月17日，参加"桃溪反'围剿'"战斗，突围撤退后因被人出卖，在桃溪山被敌人逮捕。1927年12月，在桃溪村边白沙营被敌人杀害，牺牲时25岁。1957年，高要县人民委员会追认他为革命烈士。

肖福友 男，1906年出生于沙浦镇桃溪村。1926年参加农军，曾参加攻打第六区区署的战斗。1927年12月17日，参加"桃溪反'围剿'"战斗，突围撤退后因被人出卖，在桃溪山被敌人逮捕。1927年12月，在桃溪村边白沙营被敌人杀害，牺牲时21岁。1957年，高要县人民委员会追认他为革命烈士。

苏社友 男，1890年出生于沙浦镇桃溪村。1926年参加农军。曾参加攻打地主民团和第六区区署的战斗。1927年12月17日，参加"桃溪反'围剿'"战斗，突围撤退到桃溪山，因被人出卖而被敌人逮捕。1927年12月，在桃溪村边白沙营被敌人杀害，牺牲时37岁。1957年，高要县人民委员会追认他为革命烈士。

廖计爱 男，1881年出生于沙浦镇桃溪村。1926年参加农军，曾参加攻打地主民团和第六区区署的战斗。1927年12月17日，参加"桃溪反围剿"战斗，突围后因被人出卖而被敌人逮捕。1927年12月，被敌人杀害于桃溪村边的白沙营，牺牲时46岁。1957年，高要县人民委员会追认他为革命烈士。

何昌湖 又名何福昌，男，1903年出生于沙浦镇桃溪村。1926年参加农军，曾参加攻打第六区区署的战斗。1927年在"桃溪反'围剿'"战斗中，突围后在三水西南被敌人逮捕，后被押到广利。1927年，在广利被敌枪杀，牺牲时24岁。1957年，高要县人民委员会追认他为革命烈士。

何少棠 男，1877年出生于沙浦镇桃溪村。1926年参加农军，是桃溪乡农会会员，曾参加攻打第六区区署的战斗。1927年12月17日，参加"桃溪反'围剿'"战斗，突围后在广州被捕。1927年12月，被敌人杀害于广州东较场，牺牲时50岁。1957年，高要县人民委员会追认他为革命烈士。

黄五　男，1892年出生于沙浦镇桃二村。1926年参加农军，曾参加攻打第六区区署的战斗。1927年12月17日，在"桃溪反'围剿'"战斗中被敌人逮捕，后押往肇庆。1927年12月，在肇庆梅庵被敌人杀害，牺牲时35岁。1957年，高要县人民委员会追认他为革命烈士。

李曚　男，1890年出生于沙浦镇桃二村。1926年参加农军，曾参加攻打六区区署的战斗。1927年12月17日，在"桃溪反'围剿'"战斗中被敌人逮捕。1927年12月，在沙浦黄布沙沙头咀被敌人杀害，牺牲时37岁。1957年，高要县人民委员会追认他为革命烈士。

程东福　男，1883年出生于沙浦镇桃二村。1926年参加农会，任农会财务委员，曾参加攻打六区区署的战斗。1927年12月17日，在"桃溪反围剿"战斗中被捕。1927年12月，在沙浦黄布沙沙头咀被敌人杀害，牺牲时44岁。1957年，高要县人民委员会追认他为革命烈士。

梁炳　男，1863年出生于沙浦镇桃二村。1926年参加农会，任农会通讯员，曾参加攻打第六区区署的战斗。1927年12月17日，在"桃溪反'围剿'"战斗中被捕。1927年12月，在沙浦黄布沙沙头咀被敌人杀害，牺牲时64岁。1957年，高要县人民委员会追认他为革命烈士。

龙北培　男，1877年出生于沙浦镇桃二村。1926年参加农会，担任财务管理工作，曾参加攻打第六区区署的战斗。1927年12月17日，参加"桃溪反'围剿'"战斗，撤退后因被人出卖，在桃溪山被敌人逮捕。1927年12月，在沙浦黄布沙沙头咀被敌人杀害，牺牲时50岁。1957年，高要县人民委员会追认他为革命烈士。

冯三娣　男，1873年出生于沙浦镇沙三村。1926年3月9日沙浦乡农会成立，他被选为农会副主席。1927年10月12日，冯三娣与陈进等人率领沙浦乡农军参加攻打第六区区署的战斗。1927年12月17日，第六区区长梁印渠勾结国民党驻肇庆守备军黄耀南，带领军队和民团共400多人兵分两路'围剿'桃溪和沙浦，其中一路'围剿'沙浦农军，冯三娣等人带领农军在各阵地的堡垒中与敌人展开激战（史称"沙浦反'围剿'"）。由于敌众我寡，为保存革命力量，他率领农军战士突围撤退到古球自然村莫坑，后来在典水被敌人逮捕。敌人把他押回沙浦黄布沙尾后，先割断他的脚筋，然后用船运到西江枪杀，牺牲时54岁。1957年，高要县人民委员会追认他为革命烈士。

李佑　男，1867年出生于沙浦镇沙三村。1926年参加农军，担任农军通讯员。1927年12月17日，在参加"沙浦反'围剿'"战斗中，李佑首先发现快登陆的敌人，立刻跑到农军驻地报信，被埋伏的敌人开枪射击，不幸光荣牺牲，牺牲时60岁。1957年，高要县人民委员会追认他为革命烈士。

梁六　又名梁跛六，男，1899年出生于沙浦镇沙三村。1926年参加农军，曾参加攻打沙浦地主民团的战斗。1927年12月17日，在"沙浦反'围剿'"战斗中被敌人逮捕，后押往肇庆。1927年12月在肇庆南校场被敌人杀害，牺牲时28岁。1957年，高要县人民委员会追认他为革命烈士。

陆祖华　男，1904年出生于沙浦镇沙一村。1926年参加农军，曾参加攻打沙浦、金利地主民团的战斗。1927年12月17日，在参加"沙浦反'围剿'"战斗中被敌人逮捕，后押往肇庆。同年12月底，被敌人杀害于肇庆梅庵，牺牲时23岁。1957年，高要县人民委员会追认他为革命烈士。

邓生　男，1903年出生于沙浦镇沙一村。1926年参加农军，曾参加攻打沙浦、金利地主民团的战斗。1927年12月17日，参加"沙浦反'围剿'"战斗，突围后在沙浦渡船上被敌人逮捕。1927年12月，被敌人杀害于沙浦村边，牺牲时24岁。1957年，高要县人民委员会追认他为革命烈士。

邓锦棠　男，1904年出生于沙浦镇沙一村。1926年参加农军，曾参加攻打金利地主民团的战斗。1927年12月17日，参加"沙浦反'围剿'"战斗，突围后在沙浦渡船上被捕。1927年12月，在沙浦黄布沙尾被敌人杀害，牺牲时23岁。1957年，高要县人民委员会追认他为革命烈士。

谢春荣　男，1894年出生于莲花镇莲塘村。1922年参加革命，加入孙中山直属的铁甲车队，后转到黄埔军官学校第二期宪兵班学习。1927年被敌人杀害于广州东较场，葬于广州烈士陵园，牺牲时33岁。1957年12月，中华人民共和国中央人民政府给谢春荣家属颁发"革命牺牲人员家属光荣纪念证"。

何四　男，1901年出生于沙浦镇桃溪村。1926年参加农军，曾参加攻打地主民团和第六区区署的战斗。1927年12月17日，参加"桃溪反'围剿'"战斗，突围后撤退到肇庆，在肇庆至广州的渡轮上被敌人逮捕。1928年1月，被敌人杀害于肇庆南校场，牺牲时27岁。1957年，高要县人民委员会追认他为革命烈士。

龙亚妹　男，1907年出生于沙浦镇桃溪村。1926年参加农军，曾参加攻打地主民团和第六区区署的战斗。1927年12月17日，参加"桃溪反'围剿'"战斗，突围后撤退到肇庆，在肇庆至广州的渡轮上被敌人逮捕。1928年1月被敌人杀害于肇庆南校场，牺牲时21岁。1957年，高要县人民委员会追认他为革命烈士。

谢计剂 男，1878年出生于沙浦镇桃溪村。1926年参加农军，是农会委员，负责农会财务管理工作。1927年12月17日，参加"桃溪反'围剿'"战斗，突围后隐蔽在民居，被敌人搜捕出来，后押往肇庆。1928年1月被敌人杀害于肇庆，牺牲时50岁。1957年，高要县人民委员会追认他为革命烈士。

李五九 男，1905年出生于沙浦镇桃溪村。1926年参加农军，曾参加攻打地主民团和第六区区署的战斗。1927年12月17日，参加"桃溪反'围剿'"战斗，突围后撤退到肇庆，在肇庆至广州的渡轮上被敌人逮捕。1928年1月被敌人杀害于肇庆，牺牲时23岁。1957年，高要县人民委员会追认他为革命烈士。

龙三娣 男，1902年出生于沙浦镇桃溪村。1926年参加农军，曾参加攻打地主民团和第六区区署的战斗。1927年12月17日，参加"桃溪反'围剿'"战斗，突围后撤退到肇庆，在肇庆至广州的渡轮上被敌人逮捕。1928年1月被敌人杀害于肇庆，牺牲时26岁。1957年，高要县人民委员会追认他为革命烈士。

李伏 男，1892年出生于沙浦镇桃溪村。1926年参加农会，任桃溪乡农会副执行委员长，农军副队长。曾参加攻打地主民团和第六区区署的战斗。1927年12月17日，在"桃溪反'围剿'"战斗中，他率领农军勇敢抵抗国民党反动军队和地主民团的'围剿'，因寡不敌众，突围后撤退到肇庆，在肇庆至广州的渡轮上被敌人逮捕。1928年1月被敌人杀害于肇庆梅庵，牺牲时36岁。1957年，高要县人民委员会追认他为革命烈士。

苏世 男，1907年出生于沙浦镇桃溪村。1926年参加农军，曾参加攻打地主民团和第六区区署的战斗。1927年12月17日，参加"桃溪反'围剿'"战斗，突围后撤退到肇庆，在肇庆至广州的渡轮上被敌人搜捕，他跳下西江游到岸边，逃到七星岩附近，因受枪伤而被敌人抓住。1928年被敌人杀害于肇庆梅庵，牺牲时21岁。1957年，高要县人民委员会追认他为革命烈士。

陆国宝　男，1900年出生于沙浦镇沙一村。1926年参加农军，曾参加攻打沙浦、苏坑地主民团的战斗。1927年12月17日，在"沙浦反'围剿'"战斗中分散突围后，在顺德被敌人逮捕，后被押到肇庆。1928年1月被敌人杀害于肇庆南校场，牺牲时28岁。1957年，高要县人民委员会追认他为革命烈士。

何积　男，1890年出生于沙浦镇桃溪村。1926年参加农军。1927年12月17日，在参加"桃溪反'围剿'"战斗中被敌人逮捕，后押往肇庆。1928年1月被敌人杀害于肇庆梅庵，牺牲时38岁。1957年，高要县人民委员会追认他为革命烈士。

李五　男，1906年出生于沙浦镇典三瑞龙村。1926年参加农军，曾参加攻打金利、沙浦地主民团以及攻打第六区区署的战斗。1927年12月17日，参加"沙浦反'围剿'"战斗，突围后撤退到广州，1928年1月在广州海珠区被敌人逮捕押往肇庆。1928年2月被敌人杀害于肇庆，牺牲时22岁。1957年，高要县人民委员会追认他为革命烈士。

何顺基　男，1900年出生于沙浦镇典一东江村。1926年参加农军，曾参加攻打第六区区署的战斗。1927年12月17日，参加"沙浦反'围剿'"战斗，突围后撤退到广州，1928年1月在广州被敌人逮捕押往肇庆。1928年1月被敌人杀害于肇庆，牺牲时28岁。1957年，高要县人民委员会追认他为革命烈士。

招计　男，1894年出生于沙浦镇典二高第村。1926年参加农军。曾参加攻打金利地主民团的战斗。1927年12月17日，在参加"沙浦反'围剿'"战斗中分散突围。1932年，在广州基立村被敌人逮捕后押往肇庆，牺牲于肇庆监狱，牺牲时38岁。1957年，高要县人民委员会追认他为革命烈士。

甘满堂　男，1906年出生于广利街道塘口村。1926年参加农会，是广利水坑乡农会委员。1927年12月17日，在参加"桃溪反'围剿'"战斗中光荣牺牲，牺牲时21岁。1957年，高要县人民委员会追认他为革命烈士。

郭标　男，1904年出生于桂城街道水坑村，1926年参加农会，任广利水坑乡农会副主席。1928年1月被捕，后被敌人杀害于肇庆，牺牲时24岁。1957年，高要县人民委员会追认他为革命烈士。

马计　男，1894年出生于桂城街道水坑村。1926年参加农会，是广利水坑乡农会委员。1927年12月17日，在"桃溪反'围剿'"战斗中被敌人逮捕。1928年1月，在沙浦黄布沙尾被敌人杀害，牺牲时34岁。1957年，高要县人民委员会追认他为革命烈士。

陈八　男，1888年出生于桂城街道水坑村。1926年参加农会，是广利水坑乡农会副主席。1927年12月17日，在"桃溪反'围剿'"战斗中被敌人逮捕。1928年1月，在肇庆梅庵被敌人杀害，牺牲时40岁。1957年，高要县人民委员会追认他为革命烈士。

张亚仁　男，1897年出生于凤凰镇白石坑村。1925年参加农会，后任广利水坑乡农会副主席。1929年2月，在肇庆被敌人逮捕。1929年9月，在肇庆被敌人杀害，牺牲时32岁。1957年，高要县人民委员会追认他为革命烈士。

冯植南　男，1883年出生于高要市金利镇榄洲村。1926年参加农会，任榄洲村农军队长。1926年4月，当选为高要县农会执行委员。他积极发动农民参加农会组织，先后协助金利的二甲、三甲等村成立农会。1926年9月20日，沙浦乡农会会员遭该乡地主民团驱逐追杀，金利农军在冯植南带领下前来支援，途经苏坑时被民团截击，农军英勇击退民团，迫使民团赔偿农军弹药损失1500元，为沙浦农民运动做出贡献。1927年3月6日，冯植南带领榄洲村农军在沙浦乡农军的配合下，攻打金利一甲、二甲村的地主民团，由于敌强我弱，农军刚到村边就被敌人包围，在激战中有13名农军被俘，受尽严刑拷打，后得到省农工厅援救，才脱离虎口，但冯植南却在战斗中壮烈牺牲，牺牲时44岁。1957年，高要县人民委员会追认他为革命烈士。

李海云 又名李付，男，1886年出生于高要市金利镇长江村。1926年参加农会，任金利长江乡农会主席。1926年9月20日，曾带领金利农军支援沙浦农军攻打地主民团的战斗，为沙浦农民运动做出贡献。1926年底，在金利珠江沙滩被敌人杀害，牺牲时40岁。1957年，高要县人民委员会追认他为革命烈士。

黄华英 男，1881年出生于高要市金利镇四甲村。中青年时期在金利镇经商，任金利圩商团团长。1926年4月参加沙浦农会总团后回金利四甲乡组织农军，任农军队长，带领农军与金利七甲乡地主进行斗争，打开地主粮仓救济穷苦农民。1926年9月20日，参加金利农军支援沙浦农军攻打地主民团的战斗，为沙浦农民运动做出贡献。1926年底，国民党反动派组织地主民团到金利"清剿"农军，叫嚷"如不交出黄华英就放火烧村"。为了使村民免受灾难，黄华英挺身而出，被敌人逮捕。1927年，敌人把黄华英杀害于广州黄花岗，牺牲时46岁。1957年，高要县人民委员会追认他为革命烈士。

李伟南 又名李咸，男，1894年出生于高要市金利镇长江村。1926年参加农军，任金利长江乡农军队长。1926年9月20日，参加金利农军支援沙浦农军攻打反动民团的战斗，为沙浦农民运动做出贡献。1926年11月在金利社学球场被敌人杀害，牺牲时32岁。1957年，高要县人民委员会追认他为革命烈士。

第三章

鼎湖抗日救亡运动

第一节 抗日救亡运动的兴起

1937年7月7日，日本侵略军在北平西南卢沟桥附近，以军事演习为名，向当地驻军第二十九军发动突然袭击，炮轰卢沟桥，制造了震惊中外的卢沟桥事变。

7月8日，中共中央向全国发出《中国共产党为日军进攻卢沟桥通电》，号召"全中国同胞、政府与军队，团结起来，筑成民族统一战线的坚固长城，抵抗日寇的侵略！国共两党亲密合作抵抗日寇的新进攻！"8月13日，日军又进攻上海，并扬言要在3个月内灭亡中国。面对民族生死存亡的重要关头，在全国民众的共同要求和期盼下，中共代表团与国民党代表团经过多次谈判，最终达成了两党再度合作的有关协议，第二次国共合作正式形成。在全面抗战形势下的第二次国共合作，促进了高要县党组织的恢复，高要县党组织带领着全县人民投入到抗日救国战争中。

一、成立中共高要县特别支部

国共合作的抗日民族统一战线形成后，广东的国民党各派和地方实力派在国难当头和人民群众迫切要求进行全民族抗战的形势下，也采取了一些顺应抗战形势的措施，壮大革命力量。在这种情况下，广东各地的抗日团体如雨后春笋般建立和发展起来。1938年冬，广州的8个抗日团体联合成立"广东青年抗日先锋队"（简称"抗先队"），成为全省影响最大的抗日群众团体，并向全省各地发展。"抗日队"是由中国共产党直接领导，由爱国青年组成的进步组织。在抗日民族统一战线的旗帜下，通过广泛深入地开展抗日救亡运动，宣传中国共产党的抗日主张和方针政策，扩大了中国共产党在人民群众中的影响；团结教育了民众，增强了他们抗战的信心；进一步促进了知识分子、青年学生与工农群众的结合，提高了他们的抗日自觉性；与国民党进步势力和爱国人士建立了联系或合作关系，团结和扩大了抗战力量。

1938年10月，广州沦陷后，中共广东省军委书记冯新涛委派原籍在广利长利村的苏佩瑜（今鼎湖区广利街道长利村人）回高要县开展抗日救亡工作。时任西江临时工委书记的梁嘉安排他到羚羊峡下的坑口、桃溪、广利、长利、院主和水坑等地开展党的建设和抗日救亡运动。

同月，面对日军日益接近肇庆的严峻形势，省委在西江地区派驻了15个抗日先锋队，其中驻守在鼎湖境内的有3个抗先队：第一百二十七抗先队驻高要县第四区（今鼎湖区广利），黄启仁任队长；第一百三十抗先队从1928年12月至1939年12月（部分人员）驻第四区桃溪，何藻燕任队长；第一百三十三抗先队从1939年1月至7月驻第四区后沥，唐章任队长。这些抗先队的队员大部分是共产党员和革命青年，配合苏佩瑜发展党的组织，开展抗日救亡工作。西江临时工作委员会又在罗定调派两名高要（今鼎湖）籍的中共党员何藻贻、何藻燕，以印刷工人的身份作为掩护回第四区工作，恢复高要党组织的生机。

1939年1月，根据中共西江临时工作委员会的指示，组建中共高要县特别支部，隶属中共西江临时工作委员会。特别支部机关设在第四区苏佩瑜的家里。苏佩瑜任书记，唐章任副书记，林媛任组织委员，鲁恩煦任宣传委员。特别支部共有党员16人。

中共高要县特别支部重建后，认真贯彻中共中央六届六中全会精神，响应党的号召，采取措施加快发展地方党组织的建设。当时高要县的抗日救亡活动十分活跃，许多青年都参与了各种救亡组织，他们在党的领导和教育下，思想政治觉悟有了很大提高，为中共高要县特别支部发展党员打下了良好的思想基础。1938年底至1939年6月期间，党组织发展比较快，全县共有党员80多名，其中中共桃溪支部有何藻燕、何绍宗、何汉游、何藻贻等5名党员；长利村有苏佩瑜、苏家驹两名共产党员；水坑新吸收党员3名，坑口有2名党员。这些党员在如火如荼的抗日救亡运动中，壮大了中共高要县地方组织。

1939年3月，为加强党的建设和推动抗日工作的开展，西江特委决定撤销中共高要县特别支部，成立中共高要县工作委员会，工委机关地址不变，苏佩瑜任工委书记，唐章任组织委员，陈道任宣传委员。9月，县工委下辖桃溪（书记何藻燕），省赈济会第七、第九分队（书记唐奎），高要县自卫团第二中队（书记陈志驹）等党支部以及粤桂江防司令部峡下海军护雷大队（队长王韬）、水雷队（组长丁鉴成）、鼎湖坑口（组长许侃）、高要书店等党小组，共有党员30余人。峡上各区和县城肇庆的党组织关系均由西江特委直接领导。

二、成立抗日自卫团

1938年秋，日本侵略军进犯广州前夕，高要县政府为组织群众抗敌御侮，于同年4月成立"广东民众抗日自卫团高要县统率委员会"，负责指挥各区乡自卫团队共同抗日。县统率委员会有9人，设主任委员和副主任委员各1人，主持会务工作。主任委员是广东省第三区保安司令陈斗宿，高明富湾人；副主任委员是梁乃深，高要县白诸镇石霞村人。其余委员是县内各区的知名士绅。委员会内设专职人员数人，其中有由省统率委员会派来的训练员——军校毕业生李寿祺。李是高要县蚬岗村人，粤剧名演员"靓元亨"的儿子。李寿祺在肇庆训练自卫团。委员会的办公地点设在肇庆睦民路口对面的一栋两层楼房。

抗日自卫团基层组织是分队，一个村设若干分队（分队下编班），每一个分队有队员二三十人，一个小乡或两三个自然村一个中队，二至四个中队组成一个大队（一般是一个大乡设一个大队），一个区或联区设一个支队，比如羚羊峡下包括广利、沙浦、永安等区组成了一个支队，支队长是永安镇旧屋村的马毓厚。至于人事组织，各中队长大多是由在任的乡镇长兼任，但也有由退伍军人担任的。中队以上，设立队部，各级队部的编制同正规部队差不多。各级队部成员，由乡镇公所职员兼任。各级队长和官佐，均自费购置全套军装，有些还佩戴上与自己职务相等的正规军的领章，俨如正规军一样。

各乡自卫团起初并非常设，但自从日寇占领广州后，各自卫团即奉命集结，集中食宿，队员日夜轮班站岗放哨。队员全部是当地适龄壮丁。队员不值班时，可以各自回家种田，听到集合令就要立即归队。队长和队员都是义务的，只有伙食，没有工资，队部只报销必要的办公费。武器来源全是当地群众或各姓祖尝置下的枪弹，借给自卫团使用。伙食费、办公费的筹集是从田亩收附加费，或向各姓祖尝和当地大商户借支。但往往不够用，所以向毗邻的沦陷区设站收"过境费"。

广州沦陷时，机关、部队、团队、学校纷纷撤退，人群如潮水般向西、北两江涌来，广海公路的逃难人群，川流不息地向内地疏散。公路边的学校全部停课，校舍成了自卫团团部的驻地，或过往难民的住宿站。

国民党的部队辎重车过后，夹杂在逃难人群中的散兵游勇、警察等，由于缺乏路费，往往将身上的枪弹进行售卖。十多块大洋券便可买到一支七九步枪或曲尺手枪、"土左轮"，二三十元便可买到一支航空曲手枪，一元几角便可买到一颗粤制手榴弹，甚至子弹、手榴弹可以成箱地买卖。自卫队的武器借此得以充实。逃难的老百姓则沿途变卖身上的衣物，以充路费。当时公路沿线没有发生强买强卖、抢劫和杀害难民等事件，这是抗日自卫队团起到了一定作用。

广州沦陷后，高要县的抗日最前线是永安贝水圩，这里临近西江河，经常有日寇的橡皮艇巡逻游弋，空中还有敌机低飞盘旋侦察。广利各乡的自卫团都轮流到贝水圩前线驻守设防和放哨，监视青岐驻敌的动态。院主中队就首先被派往贝水圩守了一个多月。自卫团虽然是群众组织，但队员面对敌人的橡皮艇、飞机，却毫无惧色。当时的抗日热情相当高涨。

日寇势力至三水便按兵不动，战事呈胶着状态。1939年初，全县抗日自卫团奉命改编为"集结队"。经改编，重新成立一个禄步集结大队，大队长是李冠千，禄步白土人；一个新桥集结大队，大队长是廖强，上莲塘人；一个肇庆集结大队，大队长谭乐天，开平县人；羚羊峡下原有一个支队，也缩编为一个集结大队，大队长是苏延泽，长利人。所有原来的支队、中队、独立中队等，全部解散。原来的队员，志愿去当专业集结队员的，可以由原来的大队介绍，自己报名。

上述各集结大队，除新桥集结大队外，其余各大队在1944年秋，日本侵略军侵犯西江前后，已不复存在。

高要县统率委员会在1939年各大队改编为集结队的同时裁撤了，改为"高要县游击司令部"。司令由县长谭元超兼任，司令部的日常工作由县政府派员兼办。同年游击司令部也撤销了。各集结大队统由县国民兵团团部指挥。这就是高要县抗日自卫团的整个组织过程。

三、成立西江抗日青年团

1939年夏，成立桃溪抗日先锋队，队员为青年农民共20余人。同年3月，高要县工委多方征集意见，研究后，决定成立西江抗日青年团，更广泛地组织青年投入抗战。为了争取更多的国民党官员加入抗日统一战线，决定由护雷大队长王韬任团长，把年轻的乡、镇长也争取过来。通过广泛的宣传与动员，西江抗日青年团的成立得到了广大群众的响应与支持。3月的一个晚上，高要县工委在水坑举行西江抗日青年团成立大会，同时也是抗战动员会，参会人数近万人。会上，中共高要工委领导唐章发表了鼓舞斗志的讲话。整个大会群情激昂，士气高涨。

西江抗日青年团成立之初有300多人，后发展到600多人，总部设在后沥村的文明书院（中华人民共和国成立后改为"后沥小学"），王韬为总团长，丁鉴成（护雷队小队长）任副总团长，苏佩瑜、唐章任总干事。下设桃溪分团（团长何藻燕）、沙浦分团、典水分团（团长冯麟祥）、后沥分团、水坑分团（团长谢泽文）、院主分团（团长谢日红）、莲塘分团等7个分团，各分团自行组织军事训练。随后，苏佩瑜在砚坑村开办"西江抗日青年团游击训练班"，第一期为期45天。当时，整个鼎湖群情激荡，抗战气氛充满峡下各个乡村。

第二节 鼎湖军民奋起抗击日寇进犯

一、鼎湖成为肇庆抗日前线

1938年，广州沦陷后，帝国主义的侵略不断扩大。日寇沿广三铁路向西进犯，派遣重兵据守西江、北江的出水口，并在三水芦苞、河口、马口等地高筑炮楼，为沿西江直上入侵肇庆提供便利，威胁着整个粤西地区的安全。日本侵略军又迅速占领三水青岐。肇庆的抗日最前线是永安贝水，这里临近西江和绥江的青岐涌，经常有日本侵略军的橡皮艇游弋，空中还有日本侵略军的飞机低飞盘旋侦察。广利各乡的自卫队轮流到贝水坼前线驻守设防和放哨，监视三水青岐驻守日本侵略军的动态。队员们面对日本侵略军的橡皮艇、飞机毫无惧色，英勇坚守抗击日本侵略军。12月12日，入侵三水的日本侵略军炮击贝水坼，有3架敌机盘旋在上空。省税警团中队长周艺兴率部抵抗，不幸中弹身亡。

在日本侵略军进犯广州前夕，中共高要县党组织敦促县长覃元超会同本县党团及民众动员委员会，组建全县的抗日自卫组织。1938年4月，国民党高要县政府成立广东民众抗日自卫团高要县统率委员会，负责指挥各区、乡自卫团队共同抗日。自卫团的基层组织是分队，每队有20至30人。1个村设有若干分队，分队下编班。1个乡设1个中队，2至4个中队组成1个大队。一个区或联区设1个支队，如羚羊峡下的广利、永安、沙浦等区组成1个支队，马毓厚（今鼎湖区永安镇旧屋村人）任支队长。中队长一般由乡镇长担任。

二、日本侵略军进犯鼎湖

9月10日，日本侵略军第二十三军一〇四、二十二两个师团及二十二混成旅、海军第二遣华舰队、空军第五航空队等不下10万人，由军长田中久一为总指挥，兵分四路进犯西江。其中一路由贝水、永安沿西江进犯，另一路过典水趋虎坑出宋隆进犯，还有一路由九坑出大小湘进犯。13日，进犯贝水（今鼎湖区永安镇）之敌沿丰乐围直犯永安圩，除少数留守外，大部队趁内塱积水偷乘小艇渡至永安大塱村，迂回至宝槎、冈陵两乡至太保庙前登岸，经桂荣、罗水、彭寿（均属鼎湖区今广利街道）等村进犯广利。另一路同时由典水鹅塘绕桃溪出腰冈。同时，四会之敌一路由四会邓村入九坑石鼓坳，当晚沿山地向白石坑出凤凰，14日早晨抄出桂岭乡（今鼎湖区桂城街道水坑），即日至大蕉园转铁炉坑进犯大湘。另一路经山径窜入作人乡下莲塘，经古围、布基、富廊至院主，留宿一夜，次日窜返四会。日本侵略军所经地区均遭蹂躏，村民损失惨重。贝水、永安、广利、沙浦、桃溪、九坑、凤凰、下莲塘、布基、院主、桂岭、大蕉园、罗隐、后沥各地均惨遭荼毒。

三、日本侵略军入侵水坑

1938年10月，日本侵略军攻陷广州，旋即继续向西侵占三水、马房一带。1940年，敌机两次空袭水坑。第一次是农历十月十一日上午10时许，3架敌机投弹4枚，其中两枚落在德寿坊地堂旁，炸毁民房10余处，炸死村民3人；一弹落在周村空地；一弹落在田间，幸好这两弹没有造成死伤。第二次是农历十一月十一日，敌机12架，先在下莲塘村轰炸，继而轰炸九坑凤凰圩，是日适逢凤凰圩期，死伤群众数十人，炸毁房屋一批。敌机在凤凰圩轰炸后，即飞到水坑村，在水坑轮番轰炸，历时一个多小时，毁民房无数，敌机同时低飞用机枪扫射，群众死伤达70余人。

1944年秋，日本侵略军西犯，有两路日本侵略军进犯水坑，一路由石狗经西蜀进犯九坑，一路由邓村、白石坑进犯水坑。那天，天刚亮，日本侵略军直抵上周村侵占桂岭，村民往村外逃避。到水坑后，日本侵略军随即向广利圩进军，另有一路日本侵略军由下莲塘经桂荣入侵广利圩。当时还有日军久留米支队驻鼎湖坑口、下院、罗隐、白马山等地。

日本侵略军入侵水坑时，破门入屋，杀猪杀鸡，将物资掠夺一空。全村有数十人被日本侵略军拉夫，随军挑担。当时水坑村曾组织所谓"维持会"，村人谢贯出任"维持会长"，谢柱任翻译。"维持会"的任务主要是供应日本侵略军所需日常生活用品及夫役。除了"维持会"之外，还有伪乡政府。日本侵略军在水坑任意残杀人民。一次日本侵略军二三十人到陈圩，见人就杀，有一名妇女被当场杀死，有两名民夫在替日本侵略军挑担时逃跑被杀，另有四名村民因逃跑不及，被入村日本侵略军杀死。广利圩被日本侵略军占领后，国民党的广利区（第六区）公所迁到水坑，在祠堂办公。日本侵略军知道后，一天早晨突袭区公所，区长谢礼衡由后门逃跑，他的一名马弁被日本侵略军枪杀。

日本侵略军占领广利、永安期间，游击队经常袭击日本侵略军。一次，日本侵略军由布基出发被游击队中途伏击，日本侵略军一人被击毙。另一次，院主日本侵略军换防，一名日本侵略军喝醉酒落伍，游击队将其击毙，把尸体抛入泥潭。一天，一队日本侵略军通讯兵在龙塘安装电线，游击队出其不意，开枪扫射，击毙士兵两名。又一次，日本侵略军袭击罗隐碉堡，游击队员爬进碉堡，向日本侵略军投手榴弹，当场炸死两名日本侵略军。驻在下院的日本侵略军支队长久保石好酒，常到罗隐茶楼饮酒，一次他喝醉了东倒西歪地走到罗隐桥时，游击队开枪打伤了他的肩部。游击队对日本侵略军的多次袭击，使敌人心惊胆战[①]。

四、中国守军袭击日本侵略军

1942年5月24日，日本侵略军数十人从贝水藜塘入侵贝水圩，驻贝水圩的中国守军一五六师部与日本侵略军展开激战，日本侵略军死伤10多人，守军伤2人。1945年4月，抗日部队三团一部挺进烂柯山虎坑，部署伏击日本侵略军船只的战斗。战前组织了突击队，租用民艇，在峡口（紧靠沙浦）部署兵力、火器。8日9时，一艘日本侵略军运输船进入文殊坑，抗日部队即向敌进行火炮和机枪射击，日本侵略军船只被重创，狼狈逃窜，至思贤滘江面沉没。

---

① 载于李廷芳的《日本侵略军入侵水坑纪实》（原载于政协高要县文史研究会编的《高要文史》第六辑）。

国民党顽固派压制抗日活动

1939年1月，国民党发出《限制异党活动办法》的文件，制定一套反动的"溶共、防共、限共、反共"的具体政策。接着强行撤销第四战区民众动员委员会，限令动员委员会工作队全部集中到翁源的香泉水村，限制广东青年抗日先锋队的活动。

六七月间，水雷队和护雷大队进驻羚羊峡下的后沥和桃溪。3个月后，邓龙光的六十四军一五五师进驻高要，派出一个团到后沥驻扎；同时，张君嵩带领的税警团也从四会分调一部分兵力驻扎在罗隐涌。由于当地土豪劣绅的挑拨，加上国民党方面施加的压力，护雷大队大队长王韬表示不再支持西江抗日青年团的活动。

7月，驻肇庆国民党六十四军一五五师及国民党高要县当局强行解散西江抗日青年团以及广东青年抗日先锋队等革命团体。9月，苏佩瑜和唐章相继被调离。国民党推行保甲制，驱逐后沥、桃溪的共产党员。至此，中国共产党在鼎湖境内的活动被迫暂时停止。

为抗击国民党顽固派的"反共"活动，中国共产党的活动方式由公开转为隐蔽，党组织由集体领导的委员制改为个人负责制的特派员制。共产党员用公开的职业作为掩护。党的活动对象从青年转到工人、农民；从城镇转移到农村。1941年，苏佩瑜与丁鉴成在肇庆豪居路开办"维生食堂"作掩护；1年后，两人的组织关系由西江副特派员张华接管。

1939年9月，西江特委决定取消中共高要县工作委员会，改为特派员制，唐章被调到广宁任县委书记，由陈道接任高要县特派员，机关设在肇庆。1941年4月，高要党组织已没有县一级的领导机构，只留下少数党员，直接由中共西江正、副特派员分别领导和联系。

第四节 肇庆沦陷后鼎湖的抗日斗争

一、肇庆沦陷

1944年4月，日本侵略军为挽救太平洋战场上的失利，实施"一号作战"计划，发动打通中国交通线的作战。是年秋，日本侵略军从广州进犯西江。9月中旬，日本侵略军分十路包围肇庆镇，其中第二路由九坑出大湘小湘；第三路由贝水永安沿江直上；第四路由典水趋虎坑出宋隆水口；第十路由四会入下莲塘。

1944年9月16日，肇庆沦陷。在肇庆沦陷期间，广大人民群众的生活极其艰苦，粮油和副食十分紧缺，群众都在饥饿线上挣扎，每天清晨便要结队步行几十公里渡江到新桥购买粮食。其间，日本侵略军横行高要，不论城镇还是村庄，日本侵略军所到之处，烧杀抢夺、奸淫掳掠、敲诈勒索、欺压民众、无恶不作。鼎湖境内，广利水坑村群众收到日本侵略军将进犯水坑的消息，天刚亮，便紧急往村外躲避。不久，日本侵略军闯入水坑村，来不及逃走的村民有数十人，都被日本侵略军拉夫，其中有两名民夫挑担时逃跑被日本侵略军杀害，还有四名村民在日军进村时被无辜杀害。日军扫荡鼎湖期间，给村民们带来无尽的伤害，村民们对其恨之入骨。

二、游击队袭击日本侵略军

为保护村庄、抗击日本侵略军的侵袭，各区自发组织起抗日游击队；在西江北岸的高要县第六、七区的广利、沙浦、永安，常有地方游击队袭击日本侵略军行动。一次，日本侵略军从布基出发，途中被游击队员伏击，1名日军被击毙。1944年9月16日，占据院主的日本侵略军要换防，1名喝得大醉的日本士兵掉队，游击队将其击毙抛入泥潭。在罗隐村，游击队员爬到日本侵略军碉堡上，向日本侵略军投掷手榴弹，炸死2名日本士兵。驻在鼎湖下院的日本侵略军支队长久保石到罗隐茶楼饮酒，离开后醉醺醺地走到罗隐桥，被游击队开枪击中肩部。10月中旬，驻永安的中国军队"挺四游击队"，乘夜分头袭击驻永安大东茶楼和横槎涌口的日本侵略军，激战半个多小时后安全撤离。10月23日晚，日本侵略军有待修汽车5辆和随车人员10多人露宿在横槎涌口的沙滩空地上。游击队趁天黑分两路突袭，交战近半小时后撤去，极大地挫伤了日本侵略军锐气。

三、营救美国飞行员

1944年10月12日中午，美军援华飞虎队派出2架轰炸机、4架单座战斗机，从广西柳州机场起飞，轰炸日本侵略军在广东三水马口岗的军用仓库。其间，日本侵略军出动10多架飞机进行抵抗，双方在三水上空发生激烈的战斗。在战斗中，美军的1架战斗机油箱中弹，机尾冒着黑烟，直朝鼎湖山庆云寺后的三宝峰飞去，随即"轰隆"一声巨响，飞机坠毁。鼎湖山蕉

哈克中尉

园村抗日自卫队队员梁达中、梁树德等4人眼见飞机标记不是日机，便赶快上前救人，发现山间松树上吊着一名跳伞的飞行员，对方手持手枪，充满戒备。这时，曾在桂林陆军学校学习的梁觉

民赶上来，用英语与之简单对话，知道他是美军飞行员，便告诉飞行员大家是来救援的。这时，飞行员才转忧为喜。刚救下飞行员，便有人报告山下驻罗隐村的日本侵略军已出动来抓人，抗日自卫队员赶紧将飞行员背到一块大岩石下的洞穴藏身。日本侵略军赶到现场搜捕，一无所获，捡起飞机残骸的几个主要部件便下了山。

美军飞行员左脚骨折，伤势颇重，抗日自卫队员当晚摸黑将他由三宝峰抬到老鼎山，安置在白云寺，并叫一名女交通员连夜去几十里外的砚洲找一位跌打医生，带回续筋驳骨跌打药给飞行员疗伤。为方便照顾，略懂英文的梁觉民一直不离其左右，从而得知这位24岁的美军飞行员哈克中尉，隶属美军援华飞虎队陈纳德将军的第十四航空队，美国印第安纳州人。飞行员随身带有一张印着中、英文字的说明，上面写着：该员是美国援华人员，执行任务中不论出现什么事故，军民都有责任给予人道主义援助及保护。哈克中尉说，这次的战斗任务是以4架单座机掩护两架轰炸机，从柳州机场起飞，轰炸日军在三水的军用仓库。日军出动10架飞机截击，双方在三水上空发生激烈空战。他所驾驶的战斗机油箱中弹燃烧，情急之下打算飞到鼎湖山田野上空跳伞，又怕在空旷地易被发现，难逃日军魔掌，便强行往山里飞，直至无法飞行才跳伞。当时的广东国民政府已迁往韶关，为了哈克中尉的安全，必须迅速转移北上。第二天晚上10时许，由梁达中、梁均宜做"抬手"，梁觉民做翻译，10多名自卫队员做护卫，翻山越岭将飞行员从白云寺抬到院主（今属广利街道）联络站。3个小时的山路，摸黑行走十分不便，但为了不让飞行员摔倒，自卫队员轮流抬着，几乎人人都膝盖流血，脸和手被划破。院主联络站也不便久留，大家即刻把哈克送到下莲塘（今属莲花镇）。由下莲塘转四会，再派专人继续护送，将哈克安全送到韶关。

抗日战争胜利及鼎湖全境解放

1945年7月26日，美、英、中发表《波茨坦公告》，促令日本无条件投降。8月8日，苏联对日本宣战，沉重打击了盘踞在中国东北的日本侵略军，中国的抗日战争进入全面反攻阶段。9日，毛泽东发表《对日寇的最后一战》，向全国各个抗日根据地发出对日、伪军猛烈反攻的号召。14日，日本政府照会美、英、苏、中四国政府，表示接受《波茨坦公告》。15日，日本天皇宣布无条件投降。9月2日，日本代表在投降书上签字。

日本宣布无条件投降后，盘踞在西江地区的日本侵略军纷纷逃窜，各城镇先后被收复。9月16日，国民党广东省第三行政督察区督察专员陈文与高要县县长覃元超回肇庆接管政权。

抗日战争时期，日本侵略军在鼎湖犯下了滔天罪行，对鼎湖境内人员和财产造成极大伤害。抗日战争期间，被敌机炸死或被日军枪杀、奸杀的有168人，被炸毁的房屋有600多间，炸毁、烧毁的民船（运输船及农艇）有数十艘，被掠夺的牲口（猪、牛、鸡、鸭）有10万多公斤，粮食60多万公斤，被毁坏的公路（省道、县道）有31.38公里，桥梁2座。战时损失合计总值约89.21万元法币（折合1937年价）。

据不完全统计，从1939年1月30日起至1943年10月12日止，日寇飞机对鼎湖境内轰炸49次，用机枪扫射3次，投下大小炸弹有据可查的有582枚，另两次轰炸均记载为"投弹数十枚"，4次记载为"投弹一次",这些都不在统计数内。

抗日战争的胜利,是中国近代历史上抗击外敌入侵的第一次完全胜利,使中国摆脱了半殖民地的屈辱地位,实现了民族独立,为实现人民解放创造了条件,充分展示了中国共产党的抗日民族统一战线政策的正确和威力。中国共产党以勇于担当的大无畏气概,始终奋斗在抗战一线,通过建立抗日敌后根据地,开展抗日游击战争,前仆后继地抗击日本侵略者,最终取得抗日战争的胜利。其间,由中国共产党领导的在鼎湖境内发生的多次战斗都取得辉煌战果,谱写了中华民族可歌可泣的历史篇章。

抗日战争时期主要革命人物

马仰乾 又名马毓健，男，1892年出生于永安镇永安村。幼时在家读四书五经。14岁到汉口伦敦博学书院攻读英语，后回广州圣心书院（法国天主教主办）修读英语约3年。17岁考入广东陆军学校。23岁入广东省立农林教员讲习所学习两年。1926年前，曾在永安槎贝乡小学、番禺县慎修小学任教。

1926年北伐战争开始，马仰乾跟随李济深任国民革命军总司令部参事厅上尉书记，并兼任武装团体编练委员会少校书记，从事整顿后方治安工作。1929年至1934年，任广东省立一中、番禺县立中学教员（其间曾任番禺县教育局督学）。1935年，在番禺县农业技术班（省立中等农业技术学校）当教员及主任。1936年，任高要县湖山简易师范学校教员、校长（其间兼任第四路军总司令部咨议）。1938年广州沦陷，马仰乾毅然投笔从戎，出任第七战区挺进第四纵队（"挺四"）司令部参议兼任救济组主任、服务团主任、后方医院院长等职。1944年日寇西犯，时局紧张，"挺四"活动于番禺、花县、三水、增城、从化六县及广州郊区。司令部设在三水鹿和，与盘踞在北岸芦苞、大塘、福岸的日寇仅一江之隔。"挺四"以与日寇周旋、抵制日寇西进、灵活消灭敌人有生力量为作战目标，马仰乾身负重任，工作常通宵达旦。此外，马仰乾先后动员3个儿子停学从军，分别到"挺四"的救济组、药房、服务团当勤务兵。同时，他还动员数十名同乡青年到"挺四"参加抗日工作。

1942年到1945年，挺进第四纵队官兵生活极其艰苦，官兵一律每月每人只发生活费6元，大米30斤。司令员号召部下进行生产自救，马仰乾首先响应，亲自带儿子3人及服务团一班青年，从鹿和到几公里外的禾沙坑开荒种番薯等，改善生活。

马仰乾一生廉洁自持，疾恶如仇，坚持原则，不为利诱，并敢于与恶势力斗争。20世纪30年代在番禺任督学期间，严词拒绝沙湾某校厚金贿赂，秉公将该校当事人贪污舞弊之事向上举报。出任番禺县田粮科科长时，县长陈汝超贪污严重，马仰乾忍无可忍，于是检举揭发，并带上陈汝超行贿的两箱"国币"及谷物等赃物出庭作证。事后省报登出一则报道，谓"番禺县长以1万公斤稻谷贿赂田粮科长马仰乾，而马予以拒绝"。1980年2月3日，马仰乾在番禺市桥去世，享年88岁。

苏佩瑜　又名茂芝，男，1908年出生于广利镇长利村。清代进士苏廷魁曾孙。少时随父在广州读书。1937年8月，任国民党第一集团军总部军医处少校军医，在广州由张田辛介绍加入中国共产党。1938年10月广州沦陷前，受中共广东省军委书记冯新涛委派回高要开展抗日救亡工作。西江临工委书记  梁嘉安排他在羚羊峡下的坑口、桃溪、广利、长利、院主、水坑一带开展党的建设和抗日救亡工作。苏佩瑜以自己在长利村的家作为活动联络点。1938年10月，广州沦陷。苏佩瑜发动广利、后沥、院主、莲塘等地青年参加抗日救亡活动，成立高要县青年抗日先锋队总部。

1939年1月至9月，苏佩瑜先后任中共高要特委书记、中共高要县工委书记，机关也设在他家里。同年3月，组织成立西江抗日青年团，进行抗日宣传和军事训练，苏佩瑜兼任支部书记和总干事。是年底，受国民党第一次反动逆流的波及，西江抗日青年团被国民党六十四军强制解散。苏佩瑜转入地下工作。1941年，与"西青"副团长丁鉴成以在肇庆豪居路开设"维生食堂"做掩护，继续为党工作，两人的组织关系由西江副特派员张华接管。1944年7月，经地下党领导同意，打入国民党军统局任广州沿海站广州组组长，为共产党工作。后与党组织失去联系。

1946年9月，苏佩瑜在广州以中国共产党的名义组建中共广州支部，自任书记。1947年6月，组织广州有爱国热情的热血青年成立广州民主青年地下军，并在广州、顺德、南海、番禺等地发展成员100多人。他们出版小册子，散发和张贴传单，举行武装干部训练班。策动台山上川岛军警起义，建立游击根据地等。

苏佩瑜晚年在广州女儿家度过。他每天坚持读书看报，坚持学习马列主义、毛泽东思想，写下大量笔记；积极参加街道的党组织生活，每年都被评为优秀党员；还经常到学校为学生上革命历史课。2002年，苏佩瑜在广州病逝。

4

第四章
解放战争时期鼎湖人民的革命斗争

反对内战和配合人民解放军战略进攻

一、反对国民党发动内战

抗战胜利后，国民党为篡夺抗战胜利果实，挑起内战。中国共产党领导全国人民同国民党进行斗争。内战爆发后，高要县党组织的任务是建立和发展革命武装力量，粉碎国民党的军事"围剿"，反对国民党的征兵、征粮、征税。高要人民从此投入长达3年多的解放战争。

1945年8月，日本帝国主义宣布投降，抗日战争取得胜利。中国共产党代表人民的根本利益和迫切愿望，在8月25日发表了《对目前时局的宣言》，提出"和平、民主、团结"的口号。要求全国各党派团结合作，共同努力创造一个和平安定的环境，让饱受战争劫难的中国人民休养生息，重建家园，共同建设一个和平统一、独立、自由、民主、富强的新中国。但是，以蒋介石为首的国民党政府为维护其大地主阶级和官僚资产阶级的利益，巩固其在经济上的垄断地位以及政治上的独裁统治，在美帝国主义的支持下，不顾人民的利益，加紧调兵遣将，抢占大城市和交通要道，积极准备内战，妄图消灭中国共产党及其领导的人民武装和一切民主力量。为取得部署内战的时间，国民党蒋介石集团又惺惺作态，邀请毛泽东到重庆开展和平谈判。1945年10月10日，国共两党签署《双十协定》，确定和平建国的基本方针。然而，

《双十协定》的墨迹未干，国民党当局就迫不及待地挑起内战，派出军队进攻解放区。

10月20日至30日，国民党广州行营主任张发奎为执行蒋介石"剿共"密令，在广州召开"粤桂两省绥靖会议"，污蔑广东的抗日游击队是土匪，并加紧策划和部署对广东抗日根据地的进攻。高要县国民党当局为执行"两广绥靖"会议的相关规定，在全县各地（包括鼎湖境内）加紧"三征"（征兵、征粮、征税），实行残暴统治，农村的富绅地主也加紧剥削，使各地鸡犬不宁；城市圩镇奸商巨贾欺行霸市，囤积货物，使物价一日多变，经济日渐衰微。1945年夏，鼎湖境内遇上旱灾，晚造粮食失收，民众遭受饥饿的折磨，生活苦不堪言。人民对国民党政府的不满情绪与日俱增，使逃避兵役、抗税的事件时有发生。至1946年7月，高要县境内逐渐恢复中共党组织活动，这些党组织采取分散活动的方式，保存党组织的实力。

二、配合解放军战略进攻

1948年2月，为配合人民解放军的战略进攻，中共高鹤地工委做出发展山区，"饮马西江"的战略部署。3月，成立中共要（高要）明（高明）边县工作委员会；书记李法，委员叶琪、古海生，下辖高要（包括鼎湖境内）、高明两县边区，同时，建立团部军事指挥机构，统率要明边县工委领导的部队作战。6月，随着"饮马西江"战略部署的推进，中共要明边县工委决定派遣武工队指导员林源前往烂柯山考察当地情况。8月，中国人民解放军粤中纵队沙浦烂柯山武工队成立。武工队在苏村、九坑一带牵制和打击国民党军队，为迎接全国解放做积极准备。

1949年1月，根据中共高鹤地工委的指示，成立中共高要县工委，县工委书记李法，吴耀明任县工委副书记兼组织部部长，委员叶琪、陈普初。5月25日，高要县人民政府成立。至6月，已实现"饮马西江"开辟要南游击区的目标。10月1日，国家主席毛泽东在北京宣告中华人民共和国成立，全国解放已成定局，国民党残余部队已成瓮中之鳖。

10月14日，中国人民解放军解放广州，第十四军四十二师急速向四会、高要（经鼎湖地区）前进，堵截沿西江逃跑之敌。16日，第四十二师一二五团和第四十师一一八、一一九、一二〇团过绥江浮桥，向高要进击，于当晚抵达莲塘、水坑。第四十师一二〇团与四会逃窜至此的国民党军第四兵团直属部队遭遇。一二〇团即向敌发起攻击，俘敌300多人。国民党军有1个营兵力布防在莲塘，兵力分布在莲塘陈村、黄山洞一带，企图负隅顽抗。解放军立即组织兵力，兵分两路。一路向黄山洞的敌人进击，一路沿公路西上直插莲塘村。发起进攻后，莲塘村的敌人便疯狂地向公路方向扫射，不到20分钟解放军，便冲破敌阵，越过莲塘，堵敌后路。敌人四散逃窜，一部分被歼灭，一部分被俘虏，解放军缴获枪支弹药一批。其间有3名解放军战士牺牲。至此，鼎湖境内莲塘完全解放。

10月16日凌晨4时许，解放军四十二师一二五团先头部队从四会挺进到横槎涌口，当地百姓觅得多艘渔船作渡船，运送解放军过涌口（当时还未联围建水闸），由于人多船小，加上天黑，其中1艘渔船不幸沉没，1名战士牺牲。天亮时，敌军向西溃退，解放军顺利解放永安。解放军进入永安圩时，纪律严明，秋毫无犯，永安圩各商店照常经营，附近的村民像往常一样赶圩做买卖。永安解放后，野战军部队四十二师一二五团直抵水坑。17日上午，四十师一二〇团从广利渡过西江，解放沙浦，并从金利抵鹤山。

18日，四十二师一二五团进入肇庆，与其他部队会合，高要县全境解放。至此，高要人民在共产党的领导下，经过3年多的斗争，终于迎来了解放战争的伟大胜利。

解放鼎湖全境

1945年8月15日，日本帝国主义宣布无条件投降，历时14年的抗日战争宣告结束。抗战胜利后，中国共产党代表人民的根本利益和愿望，希望实现全国的和平民主，建设一个富强的新中国。但蒋介石违背人民的意愿，挑起内战。1945年10月后，蒋介石发动内战，妄图用武力消灭中国共产党及其领导的人民武装。国民党广东当局分别向西江当局南北两岸的人民武装发起围攻。西江南岸和北岸人民在中国共产党的领导下，拿起武器反抗国民党进攻。

1948年6月，随着"饮马西江"战略部署的推进，中共要明边县工委决定派武工队指导员林源前往烂柯山考察当地情况。8月，中国人民解放军粤中纵队沙浦烂柯山武工队成立。武工队在苏村、九坑一带牵制和打击国民党军队，为迎接全国解放做积极准备。

1949年10月14日，中国人民解放军解放三水、四会后，二野四兵团十四军乘胜追击国民党向广西、海南逃跑的残兵败将。16日，十四军四十、四十二师从四会向高要挺进，当晚进抵永安、广利。解放军部队沿广海公路（今321国道）从马房渡河，直抵大沙进入莲塘。当时与国民党军从四会逃窜至此的一个营兵力相遇，发现敌踪后，解放军立即兵分两路：一路向黄洞山的敌人进击，一路沿公路西上直插莲塘村。是役，解放军俘敌200多人，缴获枪支弹药一批。解放军有3名战士牺牲。17日上午，四十师一二〇团从广利渡过西江，解放沙浦，从金利抵鹤山，与其他部队会合攻打鹤山。

1949年10月16日凌晨4时许，解放军先头部队到达横槎涌口，天亮时，解放军进入永安。永安解放后继续沿着西江边的丰乐围向西过广利，会合各路解放军，向南继续追歼残敌。

1949年10月16日，高要县第四区（今鼎湖全境）解放。沙浦、广利未响一枪，国民党军便慌忙逃去。18日，高要县全境解放；20日，成立中国人民解放军肇庆区军事管制委员会。

剿匪反特

剿匪反特

1949年11月下旬，中国人民解放军西江军分区部队在高要县拉开剿匪序幕。西江军分区主力部队集结于县城肇庆镇后，首先以出其不意的战术，奔袭盘踞于冷水、下莲塘（今属莲花镇）的两股顽匪，取得鼎湖地区解放后的第一次剿匪大捷。28日，中共西江地委、西江军分区和西江地区专员公署在肇庆镇城中路"中山纪念堂"内召开剿匪斗争动员大会，利用进剿冷水、下莲塘股匪的胜利，动员、鼓励广大民众，以积极行动配合剿匪斗争。

27日，西江军分区所属部队配合公安机关，在城区内全面戒严，先后抓获从鼎湖地区潜入市区刺探情报的匪首欧枞荣、王鸿飞，以及国民党"广州绥靖公署西江指挥所"大队长兼"反共救国自卫大军"队长翟生等匪特44人。此举，既消灭了隐藏在鼎湖山区的匪特头目，又割掉匪特安插在肇庆城区的耳目，保障辖境内的社会安全。

第四节 解放战争时期主要革命人物

黎斌 原名黎灿辉，1917年农历八月出生，永安镇双布村人。1937年参加革命，1938年4月加入中国共产党，1955年被授予上校军衔，1964年晋升为大校军衔，荣获"中国人民解放军独立功勋荣誉章"，1983年9月离职休养，享受正军职待遇。1998年2月11日，在广州军区总医院逝世。

黎斌少时在家乡读私塾，后随父到广州，1929年2月至1932年8月，先后就读于广州市立五十一、五十四小学，开始接受爱国思想教育。1933年2月，在广州市大同建筑公司当木匠，同年9月就读于广州培正中英文补习学校。1934年2月进入广州市第一中学高中预备班学习，同年8月正式进入高中部就读，至1937年7月毕业。在高中就读期间，他与十余名进步同学组织"火焰读书会"，并加入广州民众歌咏团，在各地积极开展救亡歌咏活动。1937年8月在广州参加"七七剧社"宣传抗日，同年，在长沙由徐特立介绍，到武汉八路军办事处参加考试，之后赴延安抗日根据地。11月，被录取编入陕北公学十二队学习，毕业后，参加安吴堡战时青年训练班（以下简称"青训班"）和新党员训练班，先后任支部宣传委员、青训班第四连政治指导员、西北青年战地工作团第二团青年救亡宣传室主任。1939年到晋东南工作，任晋东南青救总会工作团政治指导员，并参加中央青年工作委员会巡视团。1940年初入延安泽东青年干部学校学习。1942年初任陕甘宁边区固林县青年救亡委员会宣传科长。8月底调回延安，任三五九旅七一七团政治处宣传干事。1944年任陕西延安独立第一游击队（南下支队）一大队政治处教育股长、一支队宣传科长。

解放战争时期，黎斌随中原突围部队西进。1946年11月任陕甘宁晋绥五省联防军三五九旅七一七团二营（山西中队）政治教导员。1947年3月任西北军区二纵队三五九旅七一七团政治处组织股长、副主任。1948年8月任西北军区二纵队三五九旅政治部宣传科长。先后参加了中原突围及西北解放战争的陇沟、小眉、白云山、沙家店、永丰等历次战斗。在中原突围时直接参加、指挥突破平汉路封锁的第一仗。1949年随一野二军王震部队挺进大西北，和平解放新疆，并参加戍边屯垦。

新中国成立以后，黎斌历任新疆军区步兵第五师政治部副主任，南疆军区政治部副主任、主任，南疆军区副政委。对印自卫反击战中，任西线指挥部副政委兼政治部主任、南疆军区副政委、新疆军区步兵学校政委、乌鲁木齐军区陆军学院政委等职。黎斌关心家乡建设，1985年，捐款5000元人民币支援家乡修公路。

陈金　男，1924年出生于广利镇砚洲村。1948年11月，陈金参加中国人民解放军，是华南军区十四旅四十二团的战士。1949年7月25日，陈金随部队在安徽大别山剿匪战役中奋不顾身，英勇作战，不幸光荣牺牲，牺牲时25岁。他的遗体葬在安徽省金寨县麻埠镇西北山上。1950年9月23日，中国人民解放军第十四旅政治部发给革命军人牺牲公函，追认他为革命烈士。

第五章

新中国成立后鼎湖的建设发展

第一节 经济发展综述

　　1949年10月1日，中华人民共和国成立。新中国成立后，鼎湖经济建设经历了建设发展时期、改革开放时期、踏上新征程（2012年至现在）时期，共分成八个阶段。

　　第一个阶段（1949年至1957年）是国民经济恢复和第一个五年计划时期。这一阶段，国民经济迅速恢复，各项经济指标明显好转，工农业生产开始起步发展，1950年至1952年，地方生产总值年平均增长5.54%，工农业总产值年平均增长9.95%，其中农业年平均增长8.79%，工业年平均增长24.61%。1953年至1957年，经过对私营工商业进行社会主义改造，个体、私人小作坊通过公私合营转变为集体企业，还通过接管、赎买等形式壮大国营企业力量。地区生产总值年平均增长5.79%，工农业总产值年平均增长4.49%，其中农业年平均增长4.47%，工业年平均增长4.74%。

　　第二个阶段（1958年至1962年）是第二个五年计划时期。这一阶段，搞了三年"大跃进"，忽视经济发展客观规律，体制上片面追求"一大二公"（一指公社的规模大，二指公社的公有化程度高），战略上机械地实施"以粮为纲"，作风上大搞"浮夸风""共产风"，加上连年遭受自然灾害，国民经济遭遇严重挫折。地区生产总值年均下降1.02%，工农业总产值年均下降2.56%。其中农业总产值年均下降3.49%。1959年和1961年粮食总产量分别为2.90万吨和2.38万吨，是新中国成立后鼎湖地区历史上粮食总产量最低的两个年份，1961年粮食总产比1950年还少0.76万吨，减幅24.20%。这一阶段国民人均粮食、肉食量减少，通货膨胀严重，人民生活遇到严重困难。工业方面，全民"大炼钢铁"成为这一阶段的主要特点。同时，工业企业主要以集体企业为主。1958年，工业总产值274万元，仅比1949年增加99万元。

第三个阶段（1963年至1965年）是三年经济调整时期。这一阶段，贯彻中央"调整、巩固、充实、提高"的方针，以发展农业为突破口，重点建设电动排灌站，确保粮食生产稳产高产。3年间粮食产量平均每年增长24.22%。1965年稻谷总产量6.48万吨，比1962年的3.65万吨，增加2.83万吨，增长77.53%。3年间地区生产总值平均递增14.15%，工农业总产值平均递增16.64%，其中农业年平均增长15.56%。这一阶段修建了大批水利设施，为农业生产发展打下了牢固基础。工业方面，由于省大电网的进入，得到较快发展。1965年广利糖厂上马。1963年至1965年，工业总产值分别为211万元、215万元和368万元，工业年平均增长32%。

第四个阶段（1966年至1976年）是"文化大革命"时期，由于受高度集中的计划经济体制束缚和"文化大革命"运动的冲击，国民经济建设受到严重影响，经济发展速度缓慢。但由于前一时期修建的水利工程及农业基础设施发挥作用，每年粮食产量仍然基本稳定在7万吨左右。可由于产业结构单一，工业发展较慢。整个时期，地区生产总值年平均增长6.66%，工农业总产值年均递增2.99%。第三个五年计划期间（1966年至1970年），地区生产总值年均增长7.21%，工农业总产值年均增长6.20%；第四个五年计划期间（1971年至1975年），地区生产总值年均增长7.25%，工农业总产值年均增长2.71%。工业方面，1966年广利糖厂建成投产，同时加快了运输、肥料、农药、机械维修等相关行业的发展。1971年至1973年，地方五小工业（钢铁厂、机械厂、化肥厂、煤矿和水泥厂）发展加快，1976年，工业总产值1756万元，占工农业总产值的38.06%，比1973年提高5.7%。

第五个阶段（1977年至1987年）是拨乱反正和中共十一届三中全会改革开放的10年。1977年至1978年，肃清林彪、"四人帮"的流毒，解放思想、实事求是地抓经济建设，工农业生产得到迅速恢复和发展，地区生产总值和工农业总产值年均增长分别达到2.67%和5.12%。1979年至1987年，拨乱反正，纠正经济工作中存在的一些"左"的做法，并进行一系列经济体制改革，国民经济发展速度逐年加快，地区生产总值和工农业总产值年平均增长分别达到16.93%和14.73%。其中第五个五年计划期间后四年（1977年至1980年），地区生产总值和工农业总产值平均增长分别为14.19%和14.76%；第六个五年计划期间（1981年至1985年）为17.79%和20.96%；第七个五年计划期间前两年（1986年至1987年）为30.51%和19.06%。

第六个阶段（1988年至2000年）是改革开放进入市场经济的关键时期。1988年3月成立鼎湖区。区政府分别于1991年、1996年编制（并实施）"八五""九五"计划，加大改革力度，政企逐步分开，企业进行转制，城市建设迅速发展，基础设施日臻完善，农业经济稳步发展，工业发展初具规模，第三产业繁荣活跃，国民经济持续快速发展。2000年与1988年相比，各项事业都有较大发展。1988年地区生产总值2.52亿元，2000年上升到11.55亿元，13年增长3倍多。2000年，地方财政预算收入4043万元，比1988年增长5倍，年均增长16.2%；外贸出口总额1716万美元，比1988年增长5倍，年均增长16.2%；实际利用外资3357万美元，比1988年增长39.4倍，年均增长36.1%。2000年农村社会总产值24.71亿元，比1988年增长3.4倍，年均增长13.1%，其中农业总产值9.73亿元，比1988年增长2.6倍，年均增长11.2%；农村工业产值9.45亿元，比1988年增长3.7倍，年均增长13.8%；农村建筑业产值1.24亿元，比1988年增长1.92倍，年均增长9.3%；农村运输业产值1.28亿元，比1988年增长7.9倍，年均增长19%；农村商业和餐饮业产值3.01亿元，比1988年增长7.5倍，年均增长19.5%。2000年，农民人均纯收入，比1988年增加3551元，增长3.1倍，年均增长12.6%；工业总产值9.45亿元，比1988年增长3.7倍，年均增长13.7%（其中轻工业产值7.08亿元，年均增长15.30%；重工业产值2.37亿元，年均增长12.7%）"三资"经济工业产值6.47亿元，年均增长15.8%；私营和个体经济工业产值2.98亿元，年均增长17.0%。2000年，消费品零售总额比1988年增长4.1倍，年均增长14.5%；随着经济持续快速发展，城乡居民收入大幅度增加，职工人均年工资收入比1988年增长4.5倍，年均增长15.3%；城乡居民人均储蓄存款6315元，比1988年增长9倍，年均增长21.3%。

第七个阶段（2001年至2011年）是改革开放进入深化的时期。2011年，全区生产总值突破50亿元，工业总产值突破110亿元；财政一般预算收入、全社会固定资产投资、外贸出口、社会消费品零售总额等主要经济指标实现翻一番目标。全区生产总值由2006年的25.46亿元增长到2010年的50.06亿元，年均增长18.4%；财政一般预算收入由2006年的1.01亿元增长到2010年的2.77亿元，年均增长28.6%；工业总产值由2006年的34.62亿元增长到2010年的117亿元，年均增长35%，其中规模以上工业产值由28.96亿元增长到110亿元，年均增长39.6%；农业总产值由2006年的13.74亿元增长到2010年的18.9亿元，年均增长8.3%；固定资产投资由15.69亿元增长到38.05亿元，年均增长24.8%；实际吸收外资由2006年的3721万美元增长到2010年的5908万美元，年均增长12.2%；外贸出口由2006年的5103万美元增长到2010年的1.23亿美元，年均增长24.6%。农村居民人均纯收入达8219元，年均增长10.5%；城镇居民人均可支配收入13406元，年均增长11.7%。

第八个时期（2012年至2017年）是跨进新时代的时期。2017年完成地区生产总值（GDP）117.22亿元，增长7.8%；社会固定资产投资134.7亿元，增长31.3%；规模以上工业增加值63亿元，增长9.3%；社会消费品零售总额32.43亿元，增长10.5%；外贸进出口总额36亿元，增长8.6%。三次产业比重调整为12：55：33，第三产业占比提高了1个百分点。现代服务业增加值占服务业比重达到48%。先进装备制造业增加值占规模以上工业比重9%，节能环保产业增加值占规模以上工业比重14.8%。研发经费（R&D）支出约1.9亿元，占地区生产总值比重1.63%。新增高新技术企业8家，全区高新技术企业达20家，实现两年翻两番的飞跃。高新技术产品产值占规上工业总产值36%，带动全区规上工业增加值增长9.3%。一般公共预算收入6.7亿元，增长9.2%，其中本级财政税收收入5.05亿元，占一般公共预算收入的75.4%，提高了15.2%。政府性基金预算收入22.4亿元，增长285%。人均地区生产总值能耗下降3.61%，完成市下达的节能减排任务。新增城镇就业人数3108人，居民消费价格指数（CPI）上涨1.6%。城乡居民人均可支配收入25013元，增长10%。

恢复建设时期

一、国民经济的恢复

解放之初，百废待举。那时，高要县仅有兴民火柴厂（位于广利砚洲）、富国牙签厂、肇明电力厂、德兴和碾米厂等几家较大的企业。在鼎湖境内，有广利的厚丰米机厂、永安的成丰泰米机厂。1951年9月，建成后沥石场，主要开采经营建筑用大石。全县小工厂共有93家，产值较低，市场商业萧条。高要县委县政府采取了两方面措施发展经济，以尽快恢复经济，支持前线工作。成立地方国营高要县实业公司，把肇明电力厂移交给县实业公司管理，同时由县实业公司接管其他中小企业；办好国营企业，发展商业，恢复经济，安定民心。农业以大兴水利，恢复生产为主要任务。派员组建工商联，动员广大工商业者拥护中国共产党，拥护人民政府的各项方针、政策、法令，稳定物价，活跃市场。

1950年1月15日，为支援前线，解放大西南，在军民共同努力下，经过2个多月的时间，终于使广（州）海（安）北线公路高要（经永安、广利）、四会、三水路段修复通车。4月，鼎湖境内认真贯彻执行《中华人民共和国婚姻法》，实行婚姻自由、一夫一妻和男女平等的婚姻制度，同时开展婚姻登记工作。5月，第四区文教助理会同高要县文教科，接管区内各中、小学。9月，各中、小学采用全国统一教科书。

1950年夏，鼎湖境内全面执行《广东省人民政府征收公粮施行细则》。农业税实行以农户为单位征收，每人每年（以稻谷计算）在75公斤以下者免征；超过75公斤者，税率为百分之三至百分之五，分14级全额累进计征；全年收积10万公斤以上的地主户，按百分之六十至百分之八十征收。1951年初，贯彻西江专员公署《关于反动党团登记实施办法》，全面开展反动党团、特务分子登记工作，进一步稳固社会秩序。

1953年7月1日零时，开展第一次全国人口普查，鼎湖境内总人口70532人。8月，鼎湖境内实行粮食统购统销政策。农民售粮由国家统购，非农业户口居民的口粮由国营粮站统销。11月，关闭粮食自由市场。1954年7月1日，对非农业人口实行粮食限量供应。1955年8月，鼎湖境内开始执行国务院《关于城镇粮食定量供应暂行办法》，对非农业人口实行粮食定量供应。

1949年夏，西江洪水暴涨，水位达12.91米。全县百分之八十的堤围崩溃（高要县内40多条堤围中已经溃堤30多条）。这次洪水，给高要县带来严重灾害。针对县内堤围多处崩决、灾情严重的情况，结合当时繁重的支前任务，以及必须堵口复堤、准备明年春耕生产等多重实际问题，高要县人民政府确定以进城前中共新高鹤地委制定的"支前剿匪，复堤生产"的方针来指导各项工作，以安定民心，稳定物价。10月底，军事管制委员会、高要县人民政府召开水利工作会议，由粤中纵队第六支队政治委员周天行主持会议，高要各区领导、乡指导员和一部分留用乡长以及各主要堤围的董事长等参加会议；此外，还邀请一批水利专家和技术人员。会议提出明确的任务和要求：凡是已崩塌的堤围，务必千方百计抢在明年春耕前修复，保证不误农时；对已有损坏而尚未崩塌的堤围要全面检查加固，确保安全；堤围所在的区、乡领导，必须亲自上堤和群众一起抢修。驻肇部队官兵首先响应，奔赴堵口复堤前线。副县长陈普初带领小分队赴永安丰乐围，发动群众抢修堤围。领导以身作则，食宿在堤围。政府及领导们的积极应对，鼓舞了广大人民群众，得到群众的广泛支持与响应，群众都高兴地说："共产党刚进城，就抓复堤，抓生产，解决我们的生活问题，真是人民的好政府。"通过军民的不懈奋战，堵口复堤工作取得了一定的成效。

由于鼎湖地处西江下游，境内河流纵横交错，全境百分之八十五的耕地靠临江河，受洪水威胁，与洪水同时存在的还有内涝和干旱。1950年2月，境内各堤成立防洪复堤委员会。政府拨出堵口复堤救济粮200万公斤大米，其中鼎湖境内丰乐围、头溪围各15万公斤。此举不仅解决了修复大堤的问题，更解决了大批灾民的温饱问题，受到广大人民群众的热烈拥护与支持。

中华人民共和国成立后，党和人民政府十分重视水利建设。自1950年起，逐步实施对堤防工程的整治；1952年10月，在横槎涌口建横槎水闸，钢筋混凝土2孔，每孔净宽3米，高3米，硬木平板闸门；1953年竣工，长赤围与丰乐围联合，原横槎涌内两岸的院主、长赤围和丰乐围均成为支堤，西江北岸堤围防洪能力及围内排涝能力得到加强。1954年，在罗隐涌口建罗隐水闸，钢筋混凝土箱涵2孔，硬木平板闸门；同期，开挖鼎湖截洪渠和建鼎湖节制闸，将鼎湖山水导入后沥涌。罗隐水闸建成后，罗隐涌口以内原陈塘、迪塘堤段均成为内支堤。1957年，由高要县水利局规划设计，在后沥涌口建后沥水闸，1958年春竣工。该工程使后沥涌内迪塘围堤段和盆塘围及景福围水矶段均成为内支堤，还使西丫朗等近千亩耕地免于直接遭受西江洪水的威胁。

经过努力，堤围终于修好，农民可以不违农时地开展生产。群众说："在共产党领导下，什么困难都有办法可以解决！"

二、国民经济的调整

1961年，高要县委贯彻中央"调整、巩固、充实、提高"的八字方针，初步确定以农业为基础、以工业为主导的发展总方针，采取一系列措施，全面调整国民经济，对扭转经济困难局面起到了重要的作用。

1961年10月20日至22日，中国共产党高要县第二次代表大会在肇庆市（县级市）召开，广利、永安、沙浦公社派出代表55人参加。会议总结了高要县五年来社会主义建设各项成就和经验教训，对当时"左"的指导思想做了一定程度的检讨，同意继续贯彻执行《农村人民公社工作条例（修正草案）》与国民经济调整的八字方针，同时制定了今后工农业生产的奋斗目标和任务，进行了农业生产经营体制"三包一奖"的尝试。这对调动人民群众生产积极性，恢复发展国民经济都有着积极的推动作用。但由于继续坚持了"三面红旗"，未能摆脱"左"的思想影响，仍在一定程度上阻碍了高要县经济的发展。

这一时期，鼎湖境内各公社以发展农业为突破口，重点建设电动排灌站，确保粮食生产稳产高产。1960年12月，在省委、地委的大力支持下，第一期7个电动排灌站在金利、永安、广利、蚬岗4个公社破土动工兴建，总装机容量10695千瓦。在大规模兴建电动排灌站的同时，截洪渠工程与电动排水工程配合，在羚羊峡下的永安、广利、沙浦等主要涝区建站。电动排水工程的兴建，使低洼地区农业生产发生了根本的变化。三年间，粮食产量平均每年增长24.22%。1965年，稻谷总产量6.48万吨，比1962年的3.65万吨，增加2.83万吨，增长77.53%；鼎湖境内生产总值平均递增14.15%，工农业总产值平均增加16.64%，其中农业年平均增长15.56%。这一时期修建了大批水利设施，为农业生产发展打下牢固基础。

1961年9月，中共中央发出《中共中央关于当前工业问题的指示》和《国营工业企业工作条例（草案）》（即"工业七十条"）。与此同时，为总结经验指导全县，选择县农具厂、广利化工厂作为学习和贯彻"工业七十条"试点，以先点后面的办法，有组织、有计划、有步骤地在全县学习和贯彻"工业七十条"，在企业中全面实行"五定五保"。在学习上，做到与政治思想、生产生活等结合起来，能兑现的立即兑现，因而进一步掀起学习高潮。

1961年开始，鼎湖境内的国营工业、县（区）属集体工业、乡镇集体工业以及大电网建设均稳步发展。

1951年，鼎湖境内地方国营工业企业有广利"厚丰"米机厂、永安"成丰泰"米机厂。至1958年，先后建立地方国营工业企业5家，是年，国营企业创造的工业产值占当地总产值的5.84%。

1955年7月，鼎湖境内开始对私营工业和手工业进行社会主义改造，大部分生产合作组转为生产合作社。1957年春，对私营工业、手工业社会主义改造完成，相继成立烟花爆竹社、铁木竹器社、白铁五金社、缝纫社、食品加工社和建筑队等6个生产合作社（组）。

1958年至1960年，境内企业逐步增加，形成食品、建材、化工、机械四大行业。由于社队企业发展与国营企业争原料、争市场，产品受国家计划价格控制等因素，地方国营工业总产值有所下降。1961年，国营工业企业或撤或并，企业总数减至3家。1965年春，鼎湖境内筹建广利糖厂，次年2月1日竣工投产，日处理甘蔗量500吨。1968年，国营工业增至5家，分别是广利糖厂、农机修造厂（1970年改称"农机修造二厂"）、后沥建筑器材厂、食品加工厂和林产化工厂（高要松香厂）。是年，工业总产值为713万元，占当地生产总值的8.24%。

1958年，砚洲爆竹厂划归县委工业部管理，其余生产合作厂、社、组下放给公社管理，公社工业自有资金33.8万元。是年，境内公社工业生产农具2.47万件，其中滚珠轴承5504套，快速割禾器471部，镰刀2050把，安装轴承车1652部及其他各种农具一批。1963年，下放给公社管理的企业重新划归县手工业部门管理。1964年至1976年，部分厂、社、组实行"关、停、并、转"，其中广利铁器社转为农机修造厂。

鼎湖境内的乡镇集体工业始于农业合作化时期。1958年4月，社办工业企业30家，大部分是手工作坊，分布在农具、农副产品加工等行业。10月，按照"四办两不办"方针对社队企业进行整顿，即兴办农具厂、建材厂、农药化肥厂及农副产品加工厂，不办与农业争动力、与上级工业部门争原料的工厂。同年，社办企业工业总产值119万元，占农业总产值的6.81%。1959年，掀起大办社队企业的高潮，社队企业达120多家，不少企业以庙宇、祠堂或其他旧民房为厂房，以废旧铁木制作加工设备，产品立足于自产自用，做到农具修、造不出公社，农副产品加工不出大队。这一时期，主要的行业有农药、肥料、农具、砖瓦、石灰、服装等，从业人员785人。是年，社队工业企业总产值180万元，占农业总产值的12.10%。1961年，在经济调整中，社队企业压缩600多人回农业生产第一线，留厂的职工有部分开展种养业。1963年，从县下放公社的手工作坊重新划归县手工业部门管理，公社工业实力进一步削弱，队办企业逐渐减少。

1960年10月，鼎湖境内开始建设大电网。肇庆地区第一个110千伏变电站在永安红珠岗动工兴建。1961年，连接广东省大电网运行。1962年5月，该变电站全面竣工投产。变电站的建成，解决了多年来未能解决的农村内涝问题，使农业生产基本做到旱涝保收、增收。至1963年，境内先后动工建成广利、贝水、新窦、波罗窦、横槎、罗隐、沙浦、桃溪等电动排灌站。此外，变电站的建立也解决了人们在照明、生产用电等方面的问题。

八届十中全会以后，政治上"左"的错误虽有进一步发展，但总体上还没有对经济调整工作产生重大干扰。从1961年到1965年，鼎湖境内经过五年调整取得了一些成效：农轻重的比例关系实现了在新的基础上的协调发展；国民经济中积累与消费的比例关系基本恢复正常；财政收支平衡，市场稳定，人民生活有所改善。

三、"文化大革命"时期的经济状况

1965年12月至1972年，县委先后组织县、公社、大队、生产队干部近400人，分四批前往山西省昔阳大寨大队参观，先后掀起"农业学大寨"运动。1970年9月8日，县革委会第八次扩大会议一致通过《高要革命委员会关于学罗定赶广宁定六寨路夺取革命生产新跃进的决定》，提出"深入开展'农业学大寨'的群众运动，力争在2至3年内把高要县建成大寨式的县"的口号。5月，县委、县革委召开扩大会议。会后，境内各公社党委书记、革委会主任赴山西省昔阳县大寨大队参观学习。6月，境内各公社贯彻县委召开的三级干部会议精神，坚持用毛泽东思想教育群众，搞好各级领导班子革命化建设，认真执行现阶段党在农村的各项经济政策，发动群众大搞农田基本建设，号召各行各业支援农业学大寨。"农业学大寨"运动初期的确促进了农业生产的发展，使粮食产量逐年增加，但随着"农业学大寨"运动的深入，出现不顾客观条件，不因地制宜，机械地照搬大寨经验的做法，搬山造田，造成了不少无效劳动和经济效益低下的工程，导致不

良后果。

按照规划要求，各公社掀起了大规模的农田基本建设的高潮。全县每年都组织春耕生产及秋冬季生产，每天出动10多万人开展水利建设（河流清底加堤工程、沿江大堤加固和维修工程以及一些小型水利建设）、开山造田和开展积肥运动等。1974年，高要县粮食总产量达到3.375亿公斤，比1972年增长11.5%，受到省的表彰奖励。1974年冬到1975年春，完成了2200多万土方，完善了双金河和续建鲤鱼尾水库。同时，还组织建设了沙浦、大湾、永安、蚬岗、禄步等公社的排洪渠和整治排灌系统，且初步发挥了效用。

"文化大革命"开始后，随着"工业学大庆"的深入，县建设了一些厂矿。煤炭工业除马安煤矿外，1969年对金利煤矿的基建工程进行提速。除利用煤炭发电外，还利用水力资源，大搞小型小水电，支援工农业生产的发展。县的一些厂、企业开展了科学技术创新尝试。1975年1月，高要广利糖厂实现全国第一条甘蔗输送系统蔗层自动控制线，而且产糖质量好。交通运输业也有较快发展。至1974年，全县范围内有200多个大队修建了公路，汽车可直通大队，靠近江河的公社都有交通船来往，有的大队还自己开辟航道。

1966年5月后，受十年"文化大革命"的干扰和破坏，刚刚摆脱困境、步入良性发展的高要县经济建设也陷入混乱无序状态。此间全县工农业生产遭受极大损失，人民群众生活也受到较大影响，但经济建设仍在曲折起伏中有所发展。粉碎"四人帮"后，高要县着手整顿和恢复被"文化大革命"破坏了的国民经济。1978年12月，党的十一届三中全会召开，鼎湖境经济发展进入了一个崭新的阶段。

改革开放时期

一、工作重点的转移

1978年，中共十一届三中全会提出把工作重点转移到经济建设上来，这是党中央做出的重大决策，也是人心所向、民意所指的中心工作。

1979年2月，广东省委发出《关于认真贯彻落实中央工作会议和三中全会精神，联系实际，实现工作重点转移的通知》。县委根据改革开放的新形势，采取切实可行的措施逐步把全县中心工作转移到经济建设上来。2月10日，高要县委召开三级干部会议，传达中共中央十一届三中全会精神和省委《通知》精神。会后，鼎湖境内各公社贯彻落实中央提出"把全党工作重点转移到社会主义现代化建设上来"的决定，并执行县委《关于农村经济政策和措施的意见》。3月，广利公社东股大队第八生产队副队长陈细妹被评为全国"三八红旗手"，这是鼎湖区获全国奖项的第一人。

10月25日至29日，中共高要县第四次代表大会在肇庆市召开，全县出席代表591人，其中广利、永安、沙浦公社派出代表74人参加。11月5日至9日，广利、永安、沙浦公社派出代表团，参加高要县第八届人民代表大会第一次会议。会后，各公社贯彻大会精神：大力发展农业、发展支农工业、发展社队企业和走农工副综合发展道路。

1979年5月，沙浦公社沙一大队农民陈志雄承包了生产队8亩鱼塘养鱼。此举引起各方关注，赞扬声和反对声此起彼伏，互不相让。1981年5月29日，《人民日报》发表《关于一场承包鱼塘的争论》文章，并开辟《怎样看待陈志雄承包鱼塘问题》专栏，对陈志雄承包鱼塘致富事件，展开历时3个月的讨论。"陈式承包"做法引起举国上下的关注。支持者认为陈志雄承包鱼塘，创造了农村落实生产责任制的新模式，走出了一条既有利于发展生产，又有利于增加集体收入，个人也可获利的新路子，并成功带动了周边农村各种专业承包户的兴起。从陈志雄起，经过几年的实践，人们总结出一套比较成熟的联产承包责任制形式——统分结合的双层经营家庭联产承包责任制。这种责任制，就是在土地所有制不变的前提下，生产大队（或生产队）把所有土地集中起来统一安排，一小部分土地按人口分给社员自行经营，大部分土地采用投标方式，承包给各专业户经营。

1982年，双层经营家庭联产承包制在广利、永安、沙浦公社的所有大队普遍推开，形成了一种新型的农业生产经营体制。1983年，专业承包形式由种养业推广到商业、工业、运输业以及其他一些领域，供销社实行"利润包干，超额分成"的经营责任制，部分生产资料门市部和农村小茶馆也实行个人承包或租赁经营。1984年，国营沙浦粮所属下的粮油加工厂也由个人承包，供销社65%的门店落实了承包制。在陈志雄承包效应的带动下，境内乃至肇庆地区广大城乡的经济体制改革正顺利地向前推进。

二、联产承包的探索

中国的改革先从农村开始，鼎湖全境基本上以农业为主，农民的生产积极性决定着农业的生产状况，也决定着全境的经济状况。提高农民的生产积极性，关键是要建立有利于生产力发展的管理体制。在这种情况下，农村的改革必然以管理体制改革为突破口。

鼎湖农村自1958年实行人民公社化以后，长期实行"大锅饭"的管理体制，特别是"文化大革命"期间在"左"倾错误的重压下，农民的生产积极性受到严重打击，所以农村基层干部和农民群众对改革管理体制的愿望十分迫切。

高要县委对建立农业生产责任制的认识有一个逐步深化的过程。县委在宣传贯彻中共十一届三中全会精神时，对建立农业生产责任制问题有不同看法，主要是对"分田到户"认识不一致，认为不能急于做决定，最好是等上级文件下发后再行动。

1979年冬，永安公社党委书记黄锡钧，带领各大队支部书记、大队长到东莞市黄江镇板湖村学习当地试行承包责任制的经验。回来后，先在甫草大队14个生产队试行"包产到组"的生产责任制。主要做法是：生产队统一经营，耕地分给承包小组，一般3户至5户或5户至6户为一组，分成若干小组，每组按田亩承包产量；生产队按土地的优劣进行搭配。耕牛等生产资料则按人口比例分到各小组。各小组负责所承包田亩应交纳的公购粮任务。生产队统一规划，不下拨生产经费，不统一排工，不记工分，不统一分配，由各小组自行分配，完成承包任务外，多余的产品归各小组作超产奖励。这种承包责任制，当年见成效。14个生产队水稻平均亩产超400公斤，获得增产增收。是年，甫草大队有两个没有试行这种责任制的生产队仍然"吃大锅饭"，造成开耕迟、进度慢，赶不上季节；收割时又遇台风袭击，结果减产减收。1980年秋，承包责任制在永安公社全面铺开。

1980年9月，中共中央发出《中共中央关于印发进一步加强和完善农业生产责任制的几个问题的通知》。10月18日，省委发出贯彻执行中央这一文件的通知，要求各地抓好建立生产责任制这个中心环节，从实际出发，允许多种形式的责任制同时存在。同时，永安公社甫草大队的成功经验给周边地区带来启发，至此，县委的认识有了一定转变，开始实行小段包工和田间管理责任制。

经过一段时间的实践，县委和广大干部认识到，不管哪一种生产责任制，都只是经营方式的改变，而不是所有制的改变，包产到户或包干到户，不是资本主义。同时认识到农业生产责任制早搞早主动，迟搞就被动。

1981年，部分大队试行"五定一奖罚"承包制（即定劳力、定工分、定田地、定产量、定成本、奖罚到组），这种联产承包责任制使农民有了生产主动权，在统一生产规划的前提下，又得到农业技术部门的指导。农户仅交纳公余粮、支付电排费、生产管理费，产品全由自己支配。克服了"平均主义"，调动了生产积极性，对农业生产起到了推动作用。

1982年，各大队推行双层经营家庭联产承包责任制。这种责任制是家庭分散经营和集体统一经营相结合的新体制。生产大队（或生产队）把所有土地集中起来，统一安排，一部分平分给农户自行经营，另一部分在不改变土地属性的前提下，承包给种养专业户。生产大队（或生产队）负责农田基本建设，包括排涝抗旱、农科服务和大面积防灾等农业服务工作；各农户负责耕种和应缴税项外，产品收入归自己，各承包户则只需按合同提交租赁承包款，其余一切自行掌握。这种责任制，改变了"集中劳动，统一管理，统一分配"的经营模式，充分调动农民的积极性，促进了生产发展。农民有了商品生产者应有的地位，便于调整不合理的种植结构，使农、林、牧、副、渔得到全面迅速发展。粮食和经济作物种植比例发生变化。"商品农业"成为农业的主要发展方向。

在双层经营家庭联产承包责任制的实践初期，由于人们对其认识不全面和缺乏经验，只注重"分"而忽视"统"，把原来集体积累的生产资料和公共财产分到各家各户，而集体经营和管理职能没能很好地抓起来，使少数村出现"空壳村"的现象。

1983年，境内山区开展林业"三定"工作（即稳定山林，划定自留山，确定林业生产责任制）基本结束。山区大搞果林带、扩大玉桂林种植。推行家庭联产承包责任制后，农村剩余劳动力转移到发展二、三产业方面。

1984年初，按照中央关于实行政社分离的乡村组织制度改革精神，境内以土地所有权主体归属、集体企业归属和农民居住区域为建社的主要依据，开展建立农村集体经济组织工作，即在原生产队成立经济合作社，在原大队成立经济联合社，管理原大队、生产队的经济工作。农村推行联产承包责任制后，农民拥有土地经营权，在政府的指导下，逐步调整农业产业结构，使农业生产由产品生产向商品生产方向转变。鼎湖境内农村经济开始稳步发展。

三、工业改革的探索

1978年，中共十一届三中全会后，在高要县委、县政府的领导下，鼎湖境内肃清林彪、"四人帮"的流毒，解放思想、实事求是地抓经济建设，工农业生产得到迅速恢复和发展，地区生产总值和工农业总产值年均增长分别达到2.67%和5.12%。1979年至1987年，通过拨乱反正，纠正经济工作中存在的一些"左"的做法，并进行一系列经济体制改革，国民经济发展速度逐年加快，地区生产总值和工农业总产值年平均增长分别达到16.93%和14.73%。其中第五个五年计划期间后四年（1977年至1980年），地区生产总值和工农业总产值平均增长分别为14.19%和14.76%；

第六个五年计划期间（1981年至1985年）为17.79%和20.96%；第七个五年计划期间前两年（1986年至1987年）为30.51%和19.06%。

1979年，工业改革步入转折时期。在管理体制上，逐步放开企业自主权，由计划经济逐步向市场经济过渡。农机二厂由生产农机具转为生产远红外线食品烘炉，使企业扭亏为盈。广利糖厂进行技术改造后，增加造纸、酒精两个车间；同时，日榨蔗量从500吨增加到800吨，发展了糖业生产。爆竹行业除巩固砚洲爆竹厂外，又增建龙头爆竹厂、永安爆竹厂。在所有制结构上，推行国营、集体、个体齐头并进的方针；同时，鼓励发展"三资"工业。1982年，境内工业企业主要有绣花厂、服装厂、砖瓦厂、生粉厂、糖饼厂、烟花爆竹厂、汽水厂、表耳厂、五金厂、无线电厂、自来水厂、发电厂、汽车运输队等。1983年，工业总产值3888万元。1981年至1985年第六个五年计划期间，累计工业总产值2.45亿元，年均增长25.71%。1985年，工业总产值占社会总产值的40.52%。

1984年，镇办、村办、户办、联户办企业相继发展。7月，鼎湖境内各区贯彻执行县委、县政府制定的十二项改革规定，其内容包括：扩大国营工业企业自主权；扩大国营商业自主权；改革农村商品流通体制；改革信用社管理体制；充分发挥科技人员作用；扩大建筑业自主权；县直机关部、委、办、局集资办企业；改革二轻工业管理体制、办好集体企业；外引内联，加快经济建设步伐；改革现行税收管理制度；改革干部人事制度；关于改革户口管理的意见。国营工业通过推广企业承包，老企业技术改造，调整产品方向，扩大企业规模，取得较好成效。广利烟花爆竹厂研制生产的"香花爆竹"在全国乡镇名优产品展览中获"中国工艺美术品百花奖"及创作设计奖；L518硬脂醇稀——锌体系复合热稳定剂项目获广东省科技三等奖。此外还有SI宽普癫病病治疗仪研制项目、天润抗磨节能剂、音叉式液压限位开关等项目被列入省"星火计划"。

1986年，中国香港商人卢美英投资20万美元，与广利镇合办丙纶纱厂和泰利织带厂。

工业改革的开展，扩大了企业的自主权，极大地提高了工人的生产积极性，境内企业种类及知名度不断增加；同时，工厂、企业的数量不断增加，为当地的农民、工人提供了就业机会，对鼎湖地区的经济发展产生了巨大的推动作用。

四、商贸改革的探索

1979年，鼎湖境内商业部门打破封闭式的商品流通体系，市场上开始有计划外商品流通，其价格比计划内商品略高。经营单位以国营商业为主导，发展集体商业和个体商业；除恢复代销网点外，还出现猪肉、豆腐、烧腊卤味等流动销售摊档，饮食业、零售业、服务业也出现个体商户。

1980年，供销系统改革经营体制，先后推行见利分成、超利分成、四定（定人员、定资金、定购销总额、定利润）一评计奖（按完成购销利润情况评议计奖）和租赁承包等经营方式，扩大企业经营管理自主权，增强企业经济实力。1981年，基层供销社与专业户、重点户联营发展种养业，共有联营户650户，投资总额300多万元。1982年7月，高要县食品公司由省统一经营、统一核算的体制改为县级经营；广利、永安、沙浦食品公司实行独立核算，定额包干，三年不变。1983年，实行"利润包干、超额分成"等经营责任制，部分农业生产资料门市部、农村小茶馆被个人或集体承包经营；鼎湖境内自办多个农产品加工厂和1家酱油厂，1986年酱油产销量3000多吨。4月，逐步增加基层供销营业网点。至1986年，营业网点共70多个，比1983年增加40个。除开展门店供应外，各网点增加预约登记、送货上门、委托代销、代购代销等业务，还协助其他部门推销计划外商品。

1984年，供销系统通过清股、扩股筹集资金。至1986年，广利、永安、沙浦供销社筹得新股金13万元，流动资金增至352万元。各供销社通过提供化肥、种子、种苗和产品预购款、预付周转金、无息贷款等形式，投放资金125万元，稳定商品购销；同时，投资兴办酒楼15家、冰室5家。1984年3月26日，县委、县政府召开供销社体制改革会议，广利区委、供销社在大会上作体制改革的做法和经验介绍。1985年，基本取消凭票（除粮油外）供应商品，商品购销和价格实行开放。1986年，供销系统固定资产共1162万元，比1982年增加218%。1987年，国营企业、供销企业大部分实行集体或个人租赁（承包）经营，乡村越来越多个体商业户，广利、永安、沙浦、水坑等圩市的商铺档位，绝大多数由个体商业户经营。

1987年底，供销合作社开始推行承包责任制，实行所有权与经营权分离的改革，广利、永安、沙浦镇供销社有45家店实行门店承包，占门店总数的65%。

五、在改革中前进

1988年，鼎湖区成立。建区伊始，区委、区政府狠抓农业生产，狠抓"菜篮子"工程建设。当年粮食总产量8.13万吨，农业总产值1.09亿元，分别比1979年增长1.50万吨和7864万元。1996年至1998年连续3年，鼎湖区水稻生产实现"亩产吨谷"，被肇庆市政府授予"吨谷区"的称号。2000年农业总产值9.73亿元，其中，种植业产值3.25亿元；林业产值3090万元；牧业产值3.49亿元；副业产值4771万元；渔业产值2.2亿元。农村社会总产值24.72亿元，其中，农业总产值9.73亿元；农村工业产值9.45亿元；农村建筑业产值1.24亿元；农村运输业产值1.29亿元；农村商饮业产值3.01亿元。1953年至1987年，先后设立农业技术推广站，引进优良品种，推广科学耕种、施肥和除虫，使农业生产技术得到较大提高。1988年至2000年，区农科所引进水稻良种65个进行试验示范推广，累计推广面积250万亩；推广经济作物品种76个，累计推广面积83万亩。

2000年，全区乡镇企业257家，安排农村富余劳力11048人，年总值9.48亿元，上缴税款1949万元，税后利润5374万元，工业经济获得发展。新中国成立初，只有为数不多的手工业，1949年，工业总产值175万元。1988年至2000年，区委、区政府以"工业立区""工业兴区"规划发展鼎湖经济，走出一条以农业经济为主向以工业经济为主转变的发展之路。历届区委、区政府狠抓招商引资工作，至2000年，全区建成工业园区9个，初步形成了纺织、服饰、汽车配件、金属加工、五金灯饰、箱包鞋业、饮用水等支柱产业。1988年，工业总产值上升到1.54亿元；1990年，工业总产值2.47亿元；1995年，工业总产值4.35亿元；2000年，工业总产值9.45亿元，占社会总产值的38%，工业总产值首次在全区经济中占四成，标志着鼎湖经济已逐步从农业经济向初级工业经济阶段过渡。非公经济逐渐壮大，1987年前，非公有制企业有绣花厂、饮料厂、粮食加工厂10余家。1988年至1995年，非公有制企业发展势头迅猛，企业连续年均递增36.2%，"三资"企业连续年均递增113.8%，主要行业遍及印刷、五金、印染、纺织、制衣、铁木制造、艺术陶瓷、粮食加工、林化产品、饮料、建材等。国有工业总产值所占比重下降21.7%，公有制工业总产值占全部工业产值的比重由1988年的99.9%下降为39.5%。1996年，鼎湖区委、区政府全面推行企业产权制度改革，改革的形式主要包括注资经营、联合兼并、租赁、抵押、承包、折股经营等。1999年，区委、区政府全面实施国有企业产权改革，至2000年，国有企业改革基本完成。2000年，全区非公有制企业815家，从业人员1.26万人，年产值12.48万元，上缴税款934万元。

2003年以来，区委、区政府狠抓工业园区建设，致力以招商引资促进工业经济发展壮大，有效地牵引经济社会快速发展。至2007年，全区共引进投资超千万元以上项目118个，合同投资额101.3亿元，已投入资金41.3亿元，已投产项目71个，在建项目34个，筹建项目13个。全区已兴建五大工业园区，规模以上工业企业达81个，莲花、永安成为全省中心镇。全区逐步形成纺织服饰、汽车配件、金属加工、五金灯饰、箱包鞋业、饮用水等多种产业。2007年，全区生产总值达29.5亿元，工业总产值达49.8亿元，财政一般预算收入达1.36亿元，本级工商税收达2.67亿元，农民人均纯收入达5479元，分别比建区初期增长12.7、20.6、21.7、30.4倍，发展速度越来越快，发展质量越来越好。

2011年，全区生产总值突破50亿元，工业总产值突破110亿元；财政一般预算收入、全社会固定资产投资、外贸出口、社会消费品零售总额等主要经济指标实现翻一番目标。全区生产总值由2006年的25.46亿元增长到2010年的50.06亿元，年均增长18.4%；财政一般预算收入由1.01亿元增长到2010年的2.77亿元，年均增长28.6%；工业总产值由34.62亿元增长到2010年的117亿元，年均增长35%，其中规模以上工业产值由28.96亿元增长到110亿元，年均增长39.6%；农业总产值由13.74亿元增长到18.9亿元，年均增长8.3%；固定资产投资由15.69亿元增长到38.05亿元，年均增长24.8%；实际吸收外资由3721万美元增长到5908万美元，年均增长12.2%；外贸出口由5103万美元增长到1.23亿美元，年均增长24.6%。

踏上新征程

2012年至2017年，鼎湖区认真贯彻落实党的十八大和十八届三中、四中、五中全会精神，深入学习贯彻习近平总书记系列重要讲话精神，动员全区各级党组织和广大党员干部群众，不忘初心，继续前进，抢抓机遇，奋力赶超，踏上新征程，为实现"十三五"规划目标任务、与省市同步全面建成小康社会而努力奋斗。

一、老区镇经济发展情况

2012年，沙浦镇全年税收入库1480.4万元，其中国税663.4万元，地税817万元，营业税817万元，增值税654万元，企业所得税9.4万元。是年，财政总收入1517万元，本级入库1210万元，增长4%；人均财政收入532元，增长3%。金融机构存款余额2.53亿元，增长1.2%，贷款余额1.74亿元，增长2.3%。城乡居民人均储蓄存款2.31万元。全镇农业总产值3.83亿元，比上年增长4%，占社会总产值73%。村级集体经济收入3.926万元，增长13%；农民人均纯收入42691元，增长11%。耕地面积5.91万亩，人均2.62亩，以种植水稻、香蕉、肇实为主。粮食作物以水稻为主，总产量1.12万吨，人均493.7公斤，其中水稻8285吨、玉米1193吨、薯类232吨。经济作物为蔬菜、花生、药材、肇实、水果等，蔬菜种植面积1.45万亩，产量2.82万吨，其中蔬菜（含菜用瓜）2.73万吨，瓜类（含果用瓜）5300吨。商品林面积5.98万亩，森林覆盖率57%，活立木蓄积量31.28万立方米。畜牧业以养殖猪、家禽为主。生猪饲养量10.3万头，年末存栏4.8万头；家禽饲养量960万只。肉类产量3230万吨。淡水养殖面积2.2万亩，水产品产量9.9万吨。2012年，沙浦镇继续调整优化农业生产布局。重点针对香蕉枯叶病大规模流行开展香蕉种植的布局调整，减少镇内1000亩香蕉种植面积，调整为种植蔬菜。全镇有水产养殖面积1.2万亩（其中优质鱼塘2450亩），水稻种植面积6715亩，玉米种植面积980亩，蔬菜种植面积1450亩，肇实种植面积4930亩，莲藕种植面积2050亩，粉葛种植面积1130亩，水果种植面积6605亩（其中香蕉种植面积2730亩），花卉种植面积530亩。全镇投入3820万元对堤围进行路面扩宽及维修工程和各村道路硬底化铺设。全镇14个村（居）全部实现主要进村通道硬底化，完成堤围路、村道各10公里硬底化建设。是年沙四村、黄布沙村卫生村建设通过省级验收，成为辖区内第七、第八个省级卫生村。年内发放种粮直补、农机补贴、玉米良种补贴和水稻保险等各类惠农补贴补助152万元。利用天湖度假村等景点开展4月油菜花节、6月荷花节、9月金线鲤鱼节等季节性旅游观赏活动，搞活农业经济。

全镇实现规模以上工业总产值1.28亿元，比上年增长23.1%。工业初步形成染整、皮革制品、矿产资源开发、饮用水、农副产品和小五金加工以及工艺品等行业体系。肇实已形成生产、加工、销售一条龙经营体系，有加工户50家，从业人员500多人，年加工销售肇实6000多吨，是全国最大的肇实加工基地。是年，工业企业11家，工业总产值1.36亿元，占社会总产值21%。其中规模以上工业企业2家，职工总人数356人，总产值1.28亿元，工业增加值2400万元，增长23.1%。

2017年，沙浦镇实现农业总产值4.23亿元，完成年计划

100%。种植业以种植水稻、香蕉、肇实为主，耕地面积2368.37公顷，养殖业以鱼塘养殖为主，淡水养殖面积1439.46公顷（其中优质鱼塘205公顷），水稻种植面积101.5公顷，肇实种植面积165公顷，莲藕种植面积43.13公顷，粉葛种植面积85.23公顷，水果种植面积263.4公顷，蔬菜种植面积342.4公顷，三瓜一椒种植面积172.6公顷，香蕉种植面积207.53公顷。落实补贴机制，保障群众利益，为农民发放耕地地力补贴及农机补贴109万元，为林农申请生态林补贴25.29万元。是年，沙浦镇农民人均纯收入18950元，比上年增长8.1%。农田水利建设方面，年度高标准基本农田建设顺利通过验收，沙二村、苏三村两个二级排灌站完成升级改造，改善农业生产条件。推进沙浦十字涌整治工程，投入2300万元用于24.35千米的河涌综合整治，宜居沙浦全面提质。总投资2800万元的沿山截洪渠除险加固工程全面动工，已完成溢洪道3座，涵窦36座，交通桥19座，护坡8千米。沙浦截洪渠除险加固工程被列入鼎湖区2017年十件民生实事。

2017年，沙浦镇有工业企业5家；完成限额以上批发、零售、住宿、餐饮业营业额794万元，比上年增长15.1%；完成固定资产投资3.2亿元，增长13.2%。是年，工业形成染整、皮革制品、矿产资源开发、饮用水、农副产品和小五金加工以及工艺品等行业的生产经营体系。沙浦镇特产肇实形成生产、加工、销售一条龙经营体系，有肇实种植户41户，肇实湿果产量约1542.5万公斤。全镇有肇实加工户25户，肇实加工产量约1500万公斤。年内，开展招商引资项目活动15次。2017年，沙浦镇有农贸市场1个，建筑面积4000多平方米，集贸市场成交额约1500万元，有个体商户180多家，超市两间。社会消费品零售总额794多万元。2017年，沙浦镇财税入库230.6万元，比上年增长20.12%。其中国税入库179.9万元，增长61.6%；地税入库50.7万元，减少86.8%。

有金融机构2家，各项存款余额2.8亿元，其中居民储蓄存款6000多万元。2017年，沙三村成功创建市级生态文明示范村，典一东江村成功创建市级卫生村，沙浦社区成功创建市级宜居社区1个，沙三村开展创建市级宜居村庄，黄布沙二村开展创建鼎湖区"和美乡村"。

二、全区经济发展情况

2012年，在国内外经济环境复杂多变的情况下，区委、区政府坚持以科学发展观为指导，深入贯彻落实《珠江三角洲地区改革发展规划纲要》，在应对挑战中前行，在克服困难中推进，全面实施珠三角《规划纲要》，大力促进产业结构调整，加快转型升级，经济实现平稳发展，各项社会事业取得突破。是年，地区生产总值实现70.96亿元，比上年增长13.9%。其中，第一产业增加值11.78亿元，增长3.1%；第二产业增加值39.2亿元，增长16.9%；第三产业增加值19.98亿元，增长14.7%。产业结构进一步调整优化，三大产业比例由上年的18：54：27调整为17：55：28，显示着以农业为代表的第一产业对地区生产总值的贡献逐渐减弱，以工业为代表的第二产业和以住宿餐饮、批发零售、房地产等为代表的第三产业对区产生产总值的贡献逐渐增强。按常住人口计算，2012年人均地区生产总值42602元，增长13.2%。全年居民消费价格比上年上涨2.8%，其中食品价格上涨4.8%。固定资产投资价格上涨1.5%。工业生产者出厂价格下降1.6%，农产品生产者价格上涨3.4%。年内，鼎湖区新增就业5100人，其中城镇新增就业2636人，农村培训转移就业2464人。大学生就业93人。年末城镇登记失业率2.46%。全区完成地方公共财政预算收入4.25亿元，比上年增长24.38%。其中，税收收入3.4亿元，增长24.4%，占地方公共财政预算收入的80%。

全区粮食作物播种面积7053.3公顷，增长0.5%。其中，稻谷面积5894.2公顷，与上年基本持平；玉米面积689公顷，增长3%；薯类面积426公顷，增长0.3%；油料种植面积377公顷，增长5.1%；蔬菜种植面积3284.2公顷，下降0.6%。全年粮食产量4.29万吨，比上年增长0.9%。其中，稻谷产量3.77万吨，与上年基本持平；玉米产量2978吨，增长3.6%；薯类产量2069吨，增长1.0%；油料产量1195吨，增长14.6%；蔬菜产量9.87万吨，下降4.1%；水果产量3.76万吨，下降0.6%。全年肉类总产量4.89万吨，比上年增长3.2%。其中，猪肉产量4.19万吨，增长4.5%；禽肉产量0.68万吨，下降3.9%。全年水产品产量3.37万吨，比上年增长8.6%。

2012年，全区工业总产值180.98亿元，增长20%，其中规模以上工业企业完成总产值166.78亿元，比上年增长21.0%；增加值39.40亿元，增长21.2%。全年工业经济效益综合指数190.15%。资产贡献率7.5%，资本保值增值率102.80%，资产负债率62.4%，流动资产周转率4.73%，成本费用利润率1.27%，产品销售率97.5%，实现利润总额2.04亿元，增长251.7%。

2017年，鼎湖区实现地区生产总值117.22亿元，比上年增长7.8%，其中第一产业下降2.2%，第二、三产业分别增长10%和8.1%；人均生产总值67327元，增长5%；一般公共预算收入6.71亿元，增长9.2%；全社会固定资产投资总额134.7亿元，增长31.3%；规模以上工业增加值62.95亿元，增长9.3%；全区重点建设项目41个，投资61.52亿元，占年计划107.2%，其中14个省市项目投资19.85亿元，占年计划的131.46%；社会消费品零售总额24.39亿元，增长10.5%；商品房销售额31.9亿元，增长130.4%；居民消费价格指数（CPI）上涨1.6%，总体走势平稳；金融机构存款余额148.6亿元，增长9.4%；金融机构贷款余额64.71亿元，增长13.3%；外贸进出口总额36.7亿元，增长10.7%；实际利用外资329万美元，下降72.3%；城乡居民人均可支配收入24853元，增长10%。

2017年，鼎湖区农村经济总收入84.12亿元，比上年增长9.5%；农民人均纯收入20681.97元，增长18%；全区农林牧渔业总产值15.87亿元，下降2.7%；农林牧渔业增加值8.18亿元，下降2.7%；农、林、牧、渔业和农林牧渔服务业产值分别为4.53亿元、0.39亿元、7.43亿元、3.49亿元和190万元。是年，全区农作物播种面积1.23万公顷，粮食6649.33公顷，其中水稻5209.4公顷，薯类495.07公顷，玉米921.53公顷，大豆23.33公顷；经济作物播种面积5658.94公顷，其中蔬菜4412.8公顷，花生394.13公顷，木薯166.67公顷，药材22公顷，果蔗16.67公顷，其他646.67公顷；水果种植面积1028.94公顷，其中香蕉、粉蕉726.87公顷，柑橘121.67公顷，荔枝、龙眼85公顷，其他杂果95.4公顷。花卉种植面积220.8公顷。

2017年，鼎湖区规模以上工业总产值262.22亿元，比上年增长10.2%，增速位居全市第一；规模以上工业增加值62.95亿元，增长9.3%，增速位居全市第二；一般公共预算收入6.71亿元，增长9.2%；固定资产投资134.69亿元，增长31.3%；国税收入8.69亿元，增长41.9%；地税收入6.54亿元，增长69.4%；社会消费品零售总额32.43亿元，增长10.5%；实际吸收外资329万美元，下降72.3%；外贸进出口总额36.71亿元，增长10.7%。2017年全区累计完成工业用电量11.4亿千瓦时，增长9.3%。全年新增规模以上工业企业12家。新申报进入广东省高新技术企业培育库2家，新增国家高新技术企业8家，新增省级工程中心2家，15家企业56个产品通过高新技术产品认定。民营企业实现总产值203.6亿元，占比77.6%，增长11.5%，其中，股份制企业产值198.82亿元，增长13.6%；外商及港澳台企业产值55.49亿元，增长5.3%；其他经济类型企业产值7.89亿元，下降20.2%。

附　录

附录一 革命遗址

一、沙浦农民协会旧址

沙浦农民协会旧址原为陈氏长房祠，位于沙浦镇沙二村二街59号，坐南向北，三开间，二进深，宽21.50米，进深21.55米，占地面积470平方米。周边是密集的民居，北距西江约150米，村中硬底化巷道纵横相连，祠堂前面的堤围道路是交通要道。

1926年1月，广东省农会西江办事处委派韦启瑞、周其鉴、谢大德、周铁琴等人到沙浦开展革命宣传活动，帮助组织农会。同年3月9日，沙浦农会在沙二村陈氏长房祠成立，同时组建了沙浦农民自卫军，选出陈进任农会主席，冯三娣任副主席，陈福昌任农民自卫军队长，陈友任副队长。并以陈氏长房祠作为农会办公地址，以沙溪书院作为农军队部。沙浦农民运动的重大决策和农军各项战斗部署都从此处发出。沙浦农民协会旧址为研究鼎湖区国民革命时期的农民运动提供实物依据，具有一定的历史研究价值。2010年公布为肇庆市文物保护单位。

沙浦农民协会旧址正面

沙浦农民协会旧址内部

二、沙浦"小竺居"遗址

沙浦"小竺居"遗址，位于沙浦镇沙二村，原是农会委员陈益之故居。遗址坐南向北，砖木结构，长9.5米，宽2.88米，面积27.36平方米。农民革命失败后被反动派烧毁，仅留下正门两侧各一壁墙垣。房子被烧后，当时的土豪劣绅借口农会用去祠堂、书院公款为由，以利诱、威迫等手段欲占其地，陈益之家人为保存这块见证革命历史的遗址，三上祠堂据理力争，并赔偿文昌会学产等，才使遗址得以保存。80年代重修，增加了上层建筑，陈益之之子在门墙上书一楹联"喜见小竹红墙依旧，展望家乡面貌崭新"。1996年扩建为三层水泥混凝土结构，长9.5米，宽6.5米，面积61.75米。2010年门联上写：小梅傲雪菊吐艳，竹影清晖兰留芳。

1926年间，六区沙浦乡西股村（今沙浦镇沙一、沙二村）的陈益之与一班陈氏兄弟在四会广和航业公司的一艘客货船上工作，随船来往于四会、佛山之间。当时广东省农会西江办事处的周其鉴、韦启瑞和周铁琴等经常乘搭此航船，由于多次接触和谈心，建立了深厚的感情。后来周其鉴来沙浦开展农民运动时，就长期住在陈益之的这间小屋里，并将其命名为"小竺居"。陈益之后人也写作"小竹居"。

"小竺居"遗址扩建后的现状

三、沙浦农民协会子弟学校旧址

沙浦农民协会子弟学校旧址原为吴氏宗祠，位于沙浦镇沙三村内，坐南向北，三间二进，面宽10.30米，进深23.65米，占地面积390平方米。周围是密集的民居，北距西江约200米。村中水泥巷道纵横交错，西江堤路是交通要道。

1926年夏天，为了使农会子弟能有读书的机会，农会会员能有学文化扫除文盲的场所，沙浦农民协会在沙浦镇沙三村吴氏宗祠创办学校——沙浦农民协会子弟学校。为了筹集办学经费，把由农会掌管的"沙溪书院"（当时该书院作为农军驻地）文昌会的学产，用于办学经费。由农会执行委员陈益之任名誉校长，聘请罗朴生（时任农会文书）、莫先生二人执教。凡学生入学免收一切费用，并赠送课本、作业本和一套校服。贫苦农民纷纷送子女进校就读，农民晚上进校学习政治、文化，沙浦乡村的读书之风成为社会风尚，农会威望大大提高，进一步推动了农民运动的深入发展。1927年4月12日蒋介石叛变革命，国民党疯狂"围剿"农会会员和农军，沙浦农民运动暂时转入低潮，沙浦农民协会子弟学校停办。

沙浦农民协会子弟学校旧址

四、羚山峡口抗日碉堡遗址

羚山峡口碉堡遗址（羚山炮台），位于鼎湖区坑口街道黄村南面的羚羊峡山嘴。建于1920年两广军阀战争年代。据民国《高要县志》记载："民国九年，肇庆罗阳镇守使林虎为巩固郡城计，共筑炮台7座，并派兵驻守"。现存炮台四座。羚山炮台坐南向北，钢筋水泥结构，依山坡而建，平面呈"T"字形，前半部呈半圆形，半径6.10米，后半部呈长方形，长19.20米，宽4.10米，占地面积200平方米。明门在东，堡内设小门，碉堡脚3个呈锥形支撑护围，炮眼两排，上排7孔，孔高0.40米，孔宽0.60米；下排3孔，孔高1米，孔宽0.60米。1949年至1966年为后沥建材厂使用，后改建作炸药仓库。弃用后，原址至今保存较好。

1938年10月，广州沦陷后，国军江防舰队退守西江，司令部设在梧州，为阻止日本侵略军西犯，在羚羊峡口布下水雷，封锁江面，严阵以待。舰队司令黄文田、水雷队队长黄韬奉命驻守后沥、桃溪，抗日军民凭借羚山炮台监视日本侵略军动向，封锁羚羊峡口江面。抗日部队与日本侵略军交战于羚羊峡下海面上，有效遏制了日本侵略军西进，保护了肇庆和西江沿岸的

羚山峡口碉堡遗址（羚山炮台）

安全。2010年公布为肇庆市文物保护单位。

五、中共高要县工作委员会旧址

中共高要县工作委员会旧址，位于广利街道长利村九甲巷。房屋坐东北向西南，为两层二开间，砖木瓦结构，至今原貌保持较好。屋长6.60米，宽7米，占地面积46.20平方米。旧址距长利涌约30米，四周是密集

中共高要县工作委员会旧址

的民居，东北面是鱼塘耕地，6米宽的长利涌堤路是长利村交通要道。

1939年1月，中共西江特委决定成立中共高要县特别支部，委派原籍是现广利街道长利村的共产党员苏佩瑜任特别支部书记，机关设在苏佩瑜家中。同年3月，为了进一步加强党的建设和推动抗日救亡运动的深入发展，中共西江特委决定撤销中共高要县特别支部，成立中共高要县工作委员会（简称"县工委"），由苏佩瑜任县工委书记，唐章任组织委员，陈道任宣传委员，县工委机关仍设在苏佩瑜家。

该旧址是中共高要县特别支部和中共高要县工作委员会的旧址，是研究抗日战争时期中共党组织恢复和重建，发动民众、组织民众投入抗日救亡运动的重要实物依据。

六、西江抗日青年团总部旧址

西江抗日青年团总部旧址，位于今鼎湖区坑口街道后沥居委会黄村。地处羚羊峡出口处的西江北岸，紧靠后沥涌，南距西江约100米，西倚连绵的羚山。建于清光绪年间（1875—1908），

坐东南向西北。占地面积346平方米，面宽20.10米，进深14.40米。民国时期，该地曾是一座书院，名为"文明书院"。中华人民共和国成立后，曾用作后沥小学校舍。遗址内部分房屋仅存四面青砖墙，无上盖，青砖墙内有窗口6个。

西江抗日青年团总部旧址

　　1939年3月，县工委在水坑举行"西江抗日青年团"（简称"西青团"）成立大会，团总部设在此处。西青团总团长王韬，副总团长丁鉴成（共产党员），总干事苏佩瑜、唐章（两人均是中共党员）。西青团在各辖区内一方面警戒巡逻，监察日军动向，防止日军进犯；另一方面维持社会治安，协助广东省救济队接济难民。西青团总部是高要县民众抗日的指挥中心。

附
录
二

纪念场所

一、沙浦革命烈士纪念碑

中华人民共和国成立后，高要县人民政府于1957年12月24日批准追认谢亚三为革命烈士。高要县人民政府为了纪念陈进、冯三娣、陈友等54位革命先烈，于1959年在沙浦西江边建立一座沙浦革命烈士纪念碑，革命烈士的英名及他们的丰功伟绩永存。纪念碑坐落在高1.44米、边长18米的六边形基座上。碑高8.4米，分碑座、碑身两部分。碑座高1.7米，横截面约1.75米×1.78米；碑身高6.7米，中横截面约1.3米×1.35米。全碑为砖砌，外饰石米。碑身上正、背面均草书阳雕"沙浦革命烈士永垂不朽"。碑座正面镶嵌一块大理石碑，上阴雕铭文。1980年，高要县人民政府对纪念碑进行修缮。2005年，鼎湖区人民政府对纪念碑进行重修，重修时，碑身正、背面改写隶书"沙浦革命烈士纪念碑"，碑座阴刻碑文，碑文左侧刻"烈士芳名"。并对纪念碑保护范围进行扩展，建成占地3800平方米的"沙浦革命烈士陵园"。在烈士陵园南面、碑正前方28米处，建有四柱三间牌坊一座，在牌坊正间上方书"沙浦革命烈士陵园"，左右间上方分别书"松柏常青"和"浩气长存"。烈士陵园四周种植众多青松翠柏，整个烈士陵园显得庄严肃穆。2005年，沙浦革命烈士陵园被公布为肇庆市文物保护单位，是鼎湖区重要的革命传统教育基地。2016年，肇庆市委、市政府和鼎湖区委、区政府对沙浦革命烈士陵园结合沙浦文化广场进行全面改造升级，扩建为肇庆市革命烈士纪念广场。2017年9月30日，革命烈士纪念广场正式投入使用。目前，该广场已成为肇庆市爱国主义教育基地。

附碑文：

1926年，正是中国人民第一次国内革命战争时期，西江农民运动在中国共产党的直接领导下，风起云涌。沙浦农民在西江农协代表韦启瑞、谢大德、周其鉴等同志的亲自指导下，组织起以陈进、冯三娣、陈福昌、陈友等同志为首的农协会和革命自卫军，声势浩大。参加广利圩示威游行就有广利、永安1万多农民。当时，英勇的沙浦革命自卫军曾联合附近各村农民，数次主动攻打当地的地主阶级和反动武装，并直捣反动派巢穴，迫使地主阶级签订条约，实行四六减租，取消高利盘剥和放弃苛待压迫农民，取得政治和经济上的伟大胜利，同时大大发展了革命武装。只是在1927年，民族败类蒋介石背叛革命，残酷屠杀革命党人，沙浦村农民在地主阶级和国民党反动派互相勾结突然袭击下，因众寡悬殊才被迫撤退。许多革命志士在敌人极端疯狂搜捕和屠杀下壮烈牺牲了，计前后共有陈进、冯三娣、陈友、谢桂荣等同志54人。沙浦附近的农民运动遂告暂时失败，但烈士的鲜血是不会白流的，烈士英雄遗留下革命的火种。今天，沙浦的农民和全国人民一道，在中国共产党的正确领导下，终于获得解放。压迫农民的官僚地主阶级被打倒，光荣的革命传统己鼓舞着沙浦和附近村的农民朝着社会主义——共产主义大道胜利前进。革命烈士的丰功伟绩流芳百世，革命烈士的牺牲精神永垂不朽！

高要县人民政府

一九五九年四月立

碑文下方，记载着54位烈士芳名：

沙浦：陈进、冯三娣、陈友、陆祖华、梁六、陈兴寿、邓生、陆国宝、李佑、邓锦棠。桃溪：李王三、李伏、谢同剂、谢华带、谢计剂、何少棠、苏五、苏世、龙三娣、苏计元、廖计爱、龙锦坤、何积、谢全、李计添、龙亚夵、何四、李五九、龙亚妹、谢亚三、朱计剂、邓金旺、苏社友、卫七、何昌湖、肖福友。禄江：李五。东江：何顺基。高第：招计。砚洲：黎保。榄洲：李海云、冯植南。金利：黄华英。长江：李咸。八庙：龙北培、程东福、李曚、黄五、梁炳。水坑：陈八、郭标、马计。杨梅：赵贵。下莲塘：谢桂荣。

原沙浦革命烈士纪念碑

沙浦革命烈士陵园

二、鼎湖革命烈士墓区

2014年10月，中共肇庆市鼎湖区委、区政府在风景秀美的葫芦山麓修建了一座鼎湖革命烈士墓区，为纪念在第一次国内革命战争、抗日战争、解放战争、抗美援朝、对越自卫还击战以及社会主义建设时期，为争取民族独立、人民解放、祖国富强、社会进步而献出宝贵生命的谢敬持、陈殿邦、陈金、谢达恒、李和珍等23名鼎湖革命烈士而建，是继1959年高要县人民委员会在沙浦建立的"沙浦革命烈士纪念碑"之后的又一纪念园区。

鼎湖革命烈士墓区

附录三 大事记

1921年

是年夏，陈殿邦（鼎湖人）在广东省立第四师范学校读书时与黄求实等在本校和省立肇庆中学组织"马克思主义研究社"，以《新青年》为主要研究读物，学习研究马克思主义；是年冬，又与刘敬禹等在本校组织"晨曦社"，学习、宣传马克思主义。鼎湖地区出现第一个传播马克思主义的人。

1922年

年初，中国社会主义青年团肇庆分团成立，陈殿邦为负责人。9月，陈殿邦考入国立广东省高等师范学校，并加入中国共产党。鼎湖地区出现第一个中共党员。

1923年

是年，谢桂荣（莲花镇莲塘村人）在广州加入中国共产党，并加入孙中山直属的铁甲车队，后被转派到黄埔军校学习。毕业后，被派往肇庆任粤西片农讲所教员，在六区（今鼎湖区广利、沙浦）、七区（今鼎湖区水安、莲塘）一带开展农民运动。

1924年

8月，中共党员陈殿邦、周其鉴、韦启瑞等受中共广东区委派遣，以国民党中央农民部特派员、国民党高要县党部筹备员身份，在境内开展农民运动。

1925年

12月，广东省罢工委员会委员、共产党员谢敬持（今鼎湖区莲花镇大布村人）和省农民协会特派员周铁琴（女）到七区（今鼎湖区永安、莲塘）开展活动。翌年1月，成立七区农民协会和农民自卫军。

1926年

3月初，广东省农民协会西江办事处主任、中共西江地委书记周其鉴和韦启瑞、谢大德等到六区（今沙浦、广利）指导农民运动。9日，成立沙浦乡农民协会，陈进为农会主席，冯三娣为副主席。同时，组建农民自卫军，陈福昌为队长，陈友为副队长，队员70多人。

4月，桃溪、典水、砚洲、水坑、九坑、苏坑、院主、富廊等乡成立农民协会和农民自卫军。

6月，水坑农会梁甲荪等5名会员被桂岭民团殴伤；7月，长利农会干部被长利民团殴伤，枪械被收缴；典水农会7名农军战士被禄岗民团逮捕，枪械被收缴；沙浦农会会员被沙东民团殴打，并驱逐出村；苏坑民团强迫会员退出农会并钉封农会会址，对坚持不退会的农会会员进行殴打、侮辱甚至屠杀。

是年夏，沙浦乡农会筹集300块银元向叶姓人买下一块河滩地，建设农民新村，安置被逐的农会会员。现为沙浦镇革命老区沙三新村。

8月14日晚，沙浦、苏坑、桃溪乡农军共100多人，联合攻击桃溪民团，击毙民团副团长和地保各1人，活捉民团奸细1人，迫使桃溪民团签订有利于农民的条约：（一）实行四六减租；（二）取消苛捐杂税和虐待农民的行为；（三）农民自卫军的一切行动不准地主民团干涉。

是年秋，沙浦乡农会在沙浦中股（今沙三村）吴氏宗祠创办"沙浦农民子弟学校"，传播文化知识和宣传革命道理。该校首期学生50多人，教师有罗朴生和一位姓莫的老师，农会执行委员陈益之为名誉校长。

9月20日，沙浦乡农会会员4人遭沙东民团开枪追杀，在云林寺（今沙浦渡口附近）前放哨的农军战士即鸣枪示警并实施救援，大队部农军闻讯出援。民团不敌，向沙东村内退却，农军乘胜追击，毙敌1人，缴获步枪4支、火药枪4支，烧毁民团公所1间。事件发生后，八区农军闻讯来援，途经苏坑被苏坑民团截击，激战2小时，烧毁民团公所1间。民团不敌，表示言和，愿意向农军补回子弹损失并赔偿1500元，战事遂告结束。

10月13日，在广利圩举行六区农民协会成立大会，六区和七区11个乡农会会员1万多人举行示威大游行，声讨国民党右派勾结地主反动势力镇压农民运动的罪恶行为。

11月至翌年6月，先后成立沙浦、丙田、莲塘、大布、富廊和七区警卫队中共党支部。

11月，沙浦乡农民自卫军支援金利榄洲农民自卫军攻打金利一甲、二甲村民团。由于敌强我弱，激战中，金利农军13人被俘，后经省农工厅救援获释。

12月8日，高要县水南民团纠合广宁土匪三四百人进攻九坑乡农会。九坑农军百余人一边与土匪相持，一边派人到省农民协会西江办事处和县农会报告。县农会召集全县农军分四路进攻。9日，在高要县农会的支援下，九坑农军击退来敌。战斗中毙敌4人，伤敌20余人，缴获步枪10余支。

1927年

1月4日，沙浦乡农军配合苏坑农军攻打苏坑民团，毙敌2人，缴获步枪5支。

3月6日，六、七区农军再次与金利榄洲农民自卫军联合战斗，攻打金利民团，推翻了八区区长何显臣的统治，并协助组建八区（金利区）农会。

11月5日，按照中共西江特委指示，举行广利暴动。以沙浦乡农军队长陈福昌为总指挥，六、七两区农军300多人分四路联合攻打六区公署。激战中，陈友、赵桂等7名农军不幸牺牲。为保存实力，农军撤出战斗。

12月17日，第六区区长梁印渠勾结肇庆守备军400多人进行报复，经过激战，农军被迫撤退。敌军进入沙浦、桃溪等地进行血腥屠杀，杀害农军、农会干部和会员20多人，烧毁房屋120多间。敌人悬红缉拿共产党员和农会干部，谢华带、黎保、谢同剂、李王三、陈进、冯三娣等先后被捕并遭杀害。在沙浦农民运动中，牺牲中共党员、农会干部和农军战士共54人。

1928年

5月20日，高要县共有共产党员102人，其中第六区4人，第七区39人。

6月18日，中共高要县委决定改组第七区莲塘、大布、富廊和区警卫队支部，并组建古遗支部，建立第七区委；恢复第六区沙浦、丙田支部，暂与第七区委直接联系。

11月16日至18日，中共广东省委召开第二次扩大会议，谢桂荣被选为省委候补委员、中共西江特委委员。月底，兼任中共肇庆县委员会书记。县委下辖第四区（今新桥）、第七区（今永安）临时区委，第七区临委会书记先后由谢敬、卢济担任。

1929年

1月底，中共肇庆县委与高要县委合并，成立中共高要县委员会，谢桂荣为书记。

3月，撤销高要县委，把第四区、第七区党组织合并为中共高要县特别支部，与广东省委直接联系。1931年1月后，中共高要县第四区、第七区特别支部基本停止组织活动。

1937年

8月，广利长利村人、原国民党第一集团军总部军医处少校军医苏佩瑜（又名"苏茂芝"），在广州由张田辛介绍加入中国共产党。

1938年

4月，广东省民众抗日自卫团统率委员会常委兼西江南路指挥蔡廷锴，命西江挺进队司令谭启秀率西江民众自卫团驻守羚羊峡。

10月27日，广东青年抗日先锋总队第一二七、一三〇、一三三队，到水坑、桃溪、后沥一带，开展抗日救亡活动。

10月29日，驻守羚羊峡口的广东江防司令部派执信、仲恺等6艘舰艇开赴金利马口岗阻止日军西犯。战斗中，摧毁敌炮垒4座，执信舰中弹沉没，舰长李锡熙等23名官兵阵亡。

12月12日，驻三水县日军炮击贝水的藜塘、竹园旺等村。

是年，日机在境内共投弹50多枚，炸死10人，炸伤10多人，毁民房23间，毙生猪、耕牛10多头。

1939年

1月，成立中共高要县特别支部，隶属中共西江临工委。特支机关设在长利村苏佩瑜家里。苏佩瑜任书记，唐章任副书记，林媛任组织委员，鲁思煦任宣传委员。特别支部有党员16人。

3月，中共高要县特别支部撤销，成立中共高要县工作委员会，隶属中共西江特委。工委机关地址不变，苏佩瑜为书记，唐章为组织委员，陈道为宣传委员。9月，工委下辖桃溪（何藻燕为书记），省赈济会第七、第九分队（唐奎为书记），高要县自卫团第二中队（陈志驹为书记）等党支部和粤桂江防司令部峡下海军水雷队（丁鉴成为组长）、鼎湖坑口（许侃为组长）、高要书店等党小组，共有党员30多人。

7月，驻肇国民党六十四军一五五师及国民党高要县当局强行解散西青和抗日先锋队。9月，苏佩瑜和唐章相继调离。国民党高要县当局推行保甲制，把在后沥、桃溪的共产党员驱逐离境，党在境内的活动被迫暂时停止。

是年夏，成立桃溪抗日先锋队，队员有20多名青年农民；同期，高要县工委派何藻燕、何藻贻、丁鉴成到峡下发动王韬（当时任海军护雷队队长）团结抗日，成立西江抗日青年团（以下称"西青"），由水坑、广利等地600名青年组成，王韬为总团长，丁鉴成为副总团长，苏佩瑜和唐章为总干事。总部设在后沥小学内，下设沙浦、桃溪、典水、后沥、水坑、院主、莲塘等7个分团。各分团自行组织军事训练。苏佩瑜在砚坑村开办"西江抗日青年团游击训练班"，第一期时间为45天。

10月，苏佩瑜受广东军委书记冯新涛委派，回高要开展抗日救亡工作，西江临工委安排他在坑口、桃溪、广利、长利、水坑等地开展党的建设和抗日救亡活动。同时，中共党员唐章、黎定中、何藻燕、何藻贻等率广东青年抗日先锋队第一二七、一三〇、一三三战时工作队共42人，到水坑、桃溪、后沥等地开展抗日救亡活动和恢复（重建）、发展党组织，先后发展苏家驹、何绍忠、何汉游等为党员，并先后成立桃溪党支部、鼎湖坑口党小组。

1940年

1940年5月5日，在沙浦桃溪村罗须山咀建成"海军马口抗日阵亡将士纪念碑"。

1941年

6月27日，日军100多人及舰艇数艘进犯永安贝水一带，国民军3个排进行截击，迫使日军退回三水据点。

8月6日至8日，日机一连三天向贝水圩投弹共51枚，毁房屋3间。

9月，在境内活动的地方游击队采取伏击等战术，打死日军9人，打伤日军支队长久保石等多人。

12月28日，日机在广利投弹1枚，炸死9人，炸伤8人。

1942年

5月24日，日军进犯藜塘，当地驻军一五六师某部给予还击，日军死伤10多人后逃遁，驻军2人受伤。此后，日军常窜扰长涌、脉地、南排等村掠夺牲畜和财物。

6月3日至5日，一连三天，日机在莲塘一带投弹数十枚，重伤1人，轻伤数人，死士兵2人，毁房屋27间。作人乡公所被日机机枪扫射摧毁。

是年，日机在境内投弹约200枚，炸死24人，炸伤23人，炸毁房屋55间。

1944年

4月，为抵抗日本侵略军，羚羊峡下四区成立民众抗日自卫大队，队长是黄埔军校毕业的马毓厚（今永安旧屋村人）。

9月12日，日军发动对西江、绥江地区的进攻；次日凌晨4时，日军侵占贝水圩。

9月13日，贝水日军沿西江堤岸侵占永安、广利。驻四会邓村的日军，侵占凤凰圩一带。

9月14日，日军集结近10万兵力，分10路进犯西江，其中四路途经鼎湖境内：一路突袭贝水、永安沿江西犯，一路进攻沙浦典水经虎坑犯宋隆，一路袭击广利九坑犯高要大、小湘，一路侵占永安莲塘沿公路犯肇庆城。

10月9日，国民党挺四游击队，夜袭横槎涌口沙滩露宿的日军，交战半小时后撤去，大挫日军锐气。

10月12日中午，美国援华抗日的十四航空队（又称"飞虎队"）1架飞机与日军空战时中弹，在庆云寺后三宝峰坠毁。蕉园村抗日自卫队员梁达中等3人合力营救，并护送受伤飞行员哈克中尉到四会县城治疗，后转移到抗战后方。

是日，日机在永安洪珠冈投弹9枚，毁民船1艘。

1945年

8月15日，日本宣布无条件投降。驻永安日军在红珠岗焚烧文件后，逃离永安圩。

1946年

10月14日，肇庆七星岩、鼎湖山名胜建设委员会成立。

是年，广东省工业专科学校从高要县广华乡迁到鼎湖坑口原湖山师范学校旧址。

1948年

8月，中国人民解放军粤中纵队沙浦烂柯山武工队成立。武工队在苏村、九坑一带牵制和打击国民党军队。

1949年

10月16日，中国人民解放军二野十四军一二〇团、一二五团等部队，击败从四会逃至莲塘陈村、黄洞山一带的国民党军十三兵团直属部队，高要县第四区（今鼎湖全境）解放。10月18日，高要县全境解放。

后
记

　　为了更好地传承肇庆市鼎湖区宝贵的革命精神，传颂革命先烈的伟大事迹，努力增强鼎湖区精神文明建设，中共肇庆市鼎湖区委党史研究室怀着崇敬的心情和严谨的态度编写了《肇庆市鼎湖区革命老区发展史》一书。

　　在鼎湖区，提起革命老区，首先就会想到沙浦镇。在风起云涌的第一、二次国内革命战争时期，在烽火连天的抗日战争时期，在枪林弹雨的解放战争时期，在社会主义革命和建设的不同阶段，沙浦镇无数革命志士为了民族的独立、人民的解放、祖国的繁荣，抛头颅洒热血，换来人民今天的幸福生活。《肇庆市鼎湖区革命老区发展史》深入、详尽地记述了这些革命事件、革命先烈和革命遗址。鼎湖人民将传承革命精神，为鼎湖日后的建设做出自己的贡献。

　　《肇庆市鼎湖区革命老区发展史》编委会本着对历史、对老区人民高度负责的态度，重视史实的真实性和权威性。本书编委会从2018年10月开始收集资料，组织编写。其间，经过到档案馆翻查资料和文献，又经过实地采访拍摄等等工作，求证史实，形成初稿；至2020年12月，经过反复讨论和修改，最终定稿《肇庆市鼎湖区革命老区发展史》一书。

　　《肇庆市鼎湖区革命老区发展史》在编辑过程中，得到了鼎湖区委、区政府的大力支持，得到了区地方志办、区统计局、区民政局、区退伍军人局等相关部门的鼎力相助，在此表示衷心的感谢！

　　由于《肇庆市鼎湖区革命老区发展史》所记载的内容时间跨度较长，牵涉的事件、人物较多，加上编者水平有限，书中难免存在错漏不足之处，恳请读者批评指正。

《肇庆市鼎湖区革命老区发展史》编委会

2021年2月